Kompendium bankbetrieblicher Anwendungsfelder

Herausgegeben von

BANKAKADEMIE e.V., Frankfurt am Main

Meinem Sohn Fabian, der während der Erstellung dieses Buches oft auf mich verzichten mußte.

Organisationsentwicklung in Banken
Strategie und Realisation

Professor Dr. Martin Grote

1. Auflage 1995

BANK AKADEMIE–VERLAG GmbH

Hansaallee 2 · 60322 Frankfurt am Main
Telefon (069) 95 91 63-0 · Fax (069) 95 91 63-95

Kompendium bankbetrieblicher Anwendungsfelder

Herausgegeben von
BANKAKADEMIE e.V., Frankfurt am Main

Die Deutsche Bibliothek – CIP-Einheitsaufnahme

Grote, Martin:
Organisationsentwicklung in Banken : Strategie und Realisation / Martin Grote.
[Bank-Akademie]. –1. Aufl. – Frankfurt am Main : Bank-Akademie-Verl., 1995
(Kompendium bankbetrieblicher Anwendungsfelder)

ISBN 3-9802586-2-9

1. Auflage 1995

© 1995 BANKAKADEMIE-VERLAG GmbH, Hansaallee 2,
60322 Frankfurt am Main

Satz und Druck: Kessler Verlagsdruckerei, Bobingen
Printed in Germany

ISBN 3-9802586-2-9

Gedruckt auf
elementar-chlorfrei
gebleichtem Papier

Vorwort

Die BANKAKADEMIE, kompetenter Bildungspartner des Kreditgewerbes, bietet engagierten Banken zwei Wege an, um sich für anspruchsvolle Fach- und Führungsaufgaben zu qualifizieren: die Hochschule für Bankwirtschaft, Private Fachhochschule der BANKAKADEMIE, und eine dreistufige berufsbegleitende Bildungskonzeption, die sich aus dem Bankfachwirt-, Bankbetriebswirt- und Management-Studium zusammensetzt.

Das siebenbändige Kompendium bankbetrieblicher Anwendungsfelder wurde für Studierende des **Bankbetriebswirt-Studiums** konzipiert. Es wendet sich aber auch an Studenten der Fachhochschulen und Universitäten sowie an Bankpraktiker.

Für die angesprochenen Zielgruppen stellt sich oftmals die Frage nach der Wahl des geeigneten Fachbuches, das sowohl den Ansprüchen des Praktikers genügt, aber auch die notwendigen theoretischen Grundlagen problemorientiert behandelt. Diesen grundlegenden Herausforderungen möchte sich dieses Kompendium stellen.

Im Vordergrund der Fachbuchreihe steht die Entwicklung der Fachkompetenz. Der Leser gewinnt einen nachhaltigen Eindruck von der Vielfältigkeit und der Aktualität bankbetrieblicher Problemstellungen.

Darüber hinaus vermittelt das Kompendium vertiefende Kenntnisse in den immer stärker an Bedeutung gewinnenden Bereichen der methodischen, persönlichen und sozialen Kompetenz. Diese Inhalte werden in den Bänden „Organisationsentwicklung in Banken" und „Schlüsselqualifikationen aktiv trainiert" praxisorientiert dargestellt.

Die im Rahmen des **Bankbetriebswirt-Studiums** gesammelten Erfahrungen wurden in das Kompendium integriert.

Um das Verständnis zu fördern, wurden die Inhalte mit Beispielen und kleinen Fallstudien angereichert und durch aktuelle Bezüge ergänzt. Diskussionsfragen am Ende eines jeden Kapitels erleichtern die Lernkontrolle.

Ganz besonders danken wir allen Autoren für ihre Ausführungen. Unser Dank gilt auch allen Dozenten, Studierenden und Praktikern, die zur Entwicklung dieser Fachbuchreihe beigetragen haben.

Dr. Helmut Reinboth
Hauptgeschäftsführer
der BANKAKADEMIE e.V.

Inhalt

Einleitung

Nachhaltige Entwicklungen an den Geld- und Kapitalmärkten sowie zum Teil schwerwiegende Änderungen der Rahmenbedingungen des bankbetrieblichen Handelns zwingen die Banken, bestehende Strukturen zu überdenken. Sinkende Margen, Kostendruck, erhöhter Wettbewerb und veränderte Kundenbedürfnisse haben im Kontext neuer Banktechnologien die Führungsanforderungen verändert und erfordern eine Anpassung der historisch gewachsenen Konzepte der bankbetrieblichen Aufbau- und Ablauforganisation an die gewandelten Marktgegebenheiten. Bis Mitte der 80er Jahre konzentrierte sich die Bankorganisation vorwiegend auf interne Aufgaben der Abwicklung „gebrachten" Geschäfts. Organisatoische Grundsätze bezogen sich auf Aufgaben- und Verantwortungszuordnung, Bildung von Rangordnungen, optimale Kontrollspannen, Auftragserteilung und Ausnahmefallprinzip. Die aktuellen Marktgegebenheiten zwingen zu einem Perspektivenwechsel: Nicht mehr von innen nach außen, sondern von außen nach innen, also aus Kundensicht, ist die Bankorganisation zu gestalten. Unter den Oberbegriffen „kundenproblemorientierte", „bedarfsbündel-" oder „geschäftsfeldorientierte" Organisationsstruktur wird in vielen Häusern gegenwärtig ein Managementansatz verfolgt, der im Ergebnis die Geschäftsprozesse optimieren, zu einer meßbaren Erhöhung der Dienstleistungsqualität und Kundenzufriedenheit sowie zu einer nachhaltigen Kostensenkung führen soll.

Das vorliegende Buch konzentriert sich im Kern auf die Frage, wie dieses Konzept im personalintensiven Bankbetrieb mittels Organisations- und Personalentwicklung realisiert werden kann. Da die Neuausrichtung oder Anpassung der Organisationsstrukturen einer Bank stets den geschäftlichen Strategien folgen und nicht umgekehrt, werden im ersten Kapitel zunächst die oben angesprochenen Veränderungen im Umfeld der Banken sowie die strategischen Antworten der Institute hierauf dargestellt. Um für eine strategieumsetzende Organisations- und Personalentwicklung brauchbare Hinweise zu bekommen, werden jene Trends identifiziert, die sich in den Banken abzeichnen.

Vor diesem Hintergrund wird in Kapitel zwei das Konzept der Organisationsentwicklung vorgestellt. Organisationsentwicklung bezeichnet einen längerfristig angelegten, organisationsumfassenden und verhaltenswissenschaftlich fundierten Entwicklungs- und Lernprozeß, der alle von den angestrebten Strukturveränderungen betroffenen Mitarbeiter am Veränderungsprozeß beteiligt. Als zentrale Implementationsbarriere bei der Einführung neuer Organisationskonzepte hat sich in der Praxis vor allem die mangelnde Bereitschaft von Mitarbeitern und Führungskräften erwiesen, neue Konzepte anzunehmen und aktiv mitzugestalten. Widerstände resultieren aus Ressort- und Bereichsegoismen, vor allem aber aus einer Verunsicherung der Mitarbeiter durch mangelnde

Information über und der Beteiligung an den angestrebten Strukturveränderungen. Hier bietet der Ansatz der Organisationsentwicklung
die Möglichkeit, unter Berücksichtigung der verschiedenen Interessen
und des Problemlösungspotentials der Beteiligten zu einer von allen
getragenen Lösung zu kommen.

Die marktorientierte Reorganisation des Bankbetriebs hat nicht zuletzt
erhebliche Konsequenzen für die Aufgaben und Arbeitsabläufe in der
Bank. Die Fähigkeiten der Mitarbeiter werden immer weniger von
Routinetätigkeiten und immer mehr von komplexen Aufgabenstellungen
beansprucht. Diese Entwicklung stellt große Anforderungen an die
Personalpolitik von Banken, d. h. an Personalbeschaffung und Sicherung des Mitarbeiterpotentials, insbesondere jedoch an die Personalentwicklung. Personalentwicklung im Bankbetrieb kann künftig nur erfolgreich sei, wenn sie einen klaren Bezug zur Unternehmensstrategie
hat bzw. in diese eingebunden ist. Strategische Personalentwicklung
muß sich auf jene Problembereiche und Erfolgsfaktoren konzentrieren,
die den geschäftlichen Erfolg einer Bank tatsächlich beinträchtigen
bzw. fördern. In Kapitel drei des vorliegenden Buches wird der konzeptionelle Rahmen einer strategieorientierten Personalentwicklung
im Bankbetrieb vorgestellt. Es werden Leitsätze und Aktionsfelder
vorgetragen, vorhandene Modelle der Personalentwicklung präsentiert und gezeigt, wie eine an der strategischen Marschrichtung einer
Bank ausgerichtete Personalentwicklung aufgebaut werden muß.

Mit dem vorliegenden Buch soll dem Leser das notwendige theoretische Grundwissen und das praktische Rüstzeug vermittelt werden,
das ihn befähigt, die komplexen Aufgaben betrieblicher Organisa-
tions- und Personalentwicklungsarbeit zu verstehen und zu bewältigen.
Zum besseren Verständnis des Stoffes sind den einzelnen Abschnit-
ten kleine Orientierungsfälle vorangestellt. Am Schluß jedes Ab-
schnitts sind Arbeitsaufgaben formuliert, die es dem Leser ermöglichen,
Verständnis und Lernfortschritt zu kontrollieren.

Das Buch richtet sich neben der im Vorwort genannten Zielgruppe an
alle in der Wirtschaft Tätigen, die mit Fragen der Organisations- und
Personalentwicklung konfrontiert sind.

Frankfurt am Main, im Juli 1995   Prof. Dr. Martin Grote

1 Management der Finanzdienstleistung

1.1 Veränderungen im Umfeld der Banken

> *Der Vorstand der Altus Bank steht vor großen Problemen. Obwohl das Haus seinen Kunden die komplette Angebotspalette an Finanzdienstleistungen bietet, sind in den letzten Jahren zahlreiche Privatkunden zu Konkurrenzinstituten abgewandert. Es häufen sich Klagen der Privatkundschaft über unflexible Mitarbeiter, unpassende Produktlösungen und über die Konditionsgestaltung. Auch die Firmenkundschaft bereitet Probleme. Besonders mittelständische Unternehmen erwarten „maßgeschneiderte Lösungen für ihre finanz- und betriebswirtschaftlichen Probleme" anstatt der bewährten Kreditangebote. Sorgen bereiten dem Vorstand auch die in den letzten Jahren stark gestiegenen Personalkosten. Dies alles hat bereits deutliche Spuren in der Gewinn- und Verlustrechnung des Instituts hinterlassen. Vorstandsmitglied Kompe versteht die Welt nicht mehr, denn „letztlich biete man doch seit 20 Jahren den unverändert guten Service und sei damit immer gut gefahren".*

Orientierungsfall

Angesichts der nach wie vor guten **Ertragslage der Banken** stellt sich die Frage, warum zur Zeit viele Institute bewährte „Managementkonzepte" für obsolet erklären.

Nachhaltige Entwicklungen an den Geld- und Kapitalmärkten sowie zum Teil schwerwiegende **Änderungen der Rahmenbedingungen** des bankbetrieblichen und geldpolitischen Handelns machen indes eine Neuorientierung notwendig.

Der bemerkenswerte Wandel in diesem Wirtschaftzweig begann Anfang der 80er Jahre mit einer **strategisch angelegten Neuausrichtung**: Einer Diversifizierung von Non-Banks und Near-Banks in die Bankenindustrie hinein und von den Banken in das Wettbewerbsfeld der angrenzenden Branchen (Bausparkassen, Versicherungen, Unternehmensberatungen). Aus den vom Marmorkomplex gepeinigten Einlegern wurden selbstbewußte, kritische Anleger, aus den Finanzdisponenten der Industrie banktechnisch und anlagestrategisch versierte Profis.

Strategische Neuausrichtung

Diese Veränderungen waren nicht nur ein nationales Ereignis. In aller Welt beseitigten Regierungen bankenaufsichtsrechtliche Hürden und verschafften dem **Bankenmarkt** mehr **Liberalität**. Damit wurde eine Integration der nationalen Märkte in die Weltmärkte eingeleitet. **Europa 1993** hat zusätzliche Signale gesetzt, für die Bankwirtschaft mit der Frage an

Liberalisierung des Bankenmarktes

Europa 1993

jedes Haus, welche Rolle es im europäischen Konkurrenzfeld übernehmen will. Für die deutschen Kreditinstitute kam 1989 das epochale Ereignis der Zusammenführung beider deutscher Staaten hinzu, das zu einem
unvorstellbaren Nachholbedarf an Finanzdienstleistungen jeder Art führte und Aufbau- und Ausbauarbeit für viele Jahre begründete.

Käufermarkt für Finanzdienstleistungen

Die Kreditinstitute sahen sich mit der Tatsache konfrontiert, daß sich
die Kundenmärkte immer schneller von Verkäufer- zu **Käufermärkten
für Finanzdienstleistungen** wandelten.

Komplexität und **Dynamik** der Finanzdienstleistungsmärkte nehmen
weiter zu und wirken mittlerweile für erste Institute existenzbedrohend. Um rechtzeitig die Weichen für eine erfolgreiche Zukunft zu stellen, muß jedes Haus ein **strategisch angelegtes Management** praktizieren, das an den wesentlichen Trends des Finanzdienstleistungsmarktes orientiert ist:

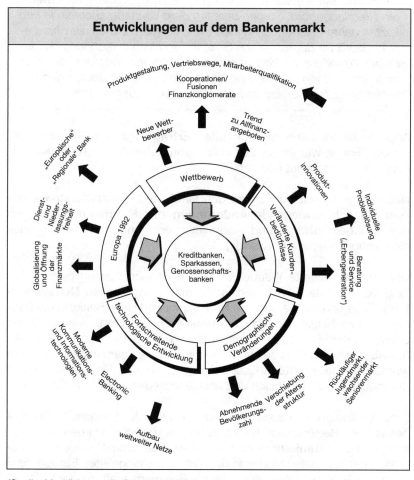

Abbildung 1

(Quelle: Modifiziert nach: Stracke, 1988)

1.1.1 Neue Wettbewerbsstrukturen

Die angesprochene Integration der Finanzmärkte ist das Ergebnis der seit Jahren zu beobachtenden Entwicklung zur Globalisierung der Finanzmärkte und der damit verbundenen Durchsetzung von Finanzinnovationen. Diese Entwicklung ist völlig unabhängig vom europäischen Binnenmarkt. Es handelt sich um weltweite Prozesse, die anhand von fünf Trends beschrieben werden können:

(1) Die **Globalisierung der Finanzmärkte**, die fortschreitende Verzahnung nationaler und internationaler Kapitalmärkte, hat die Abwicklung von Bankgeschäften „rund um die Welt und rund um die Uhr" möglich gemacht und zu einem Abbau administrativer nationaler Regulierungen im Kapitalmarktbereich geführt.

Globalisierung

(2) Die Tendenz zur Verbriefung von Geldmarkt- und Kredittransaktionen, **Securitisation** genannt.

Securitisation

(3) Unter dem Begriff **Finanzinnovation** haben die Banken sowohl neue Anleihekonstruktionen als auch Kurssicherungsinstrumente entwickelt.

Finanzinnovationen

(4) Die genannten Entwicklungen haben einen weltweiten **Trend vom Commercial Banking** traditioneller Art hin **zum Investment Banking** bewirkt – eine Entwicklung, die für die Trennbankensysteme mancherlei Probleme mit sich bringt und immer mehr die Vorteile des Universalbankprinzips deutlich macht.

Trend zum Investment Banking

(5) Schließlich haben sich weltweit viele Banken zu **Allfinanz-Anbietern** entwicklt. Als Antwort auf die Offerten von „Non-Banks", wie Warenhäuser, Autohändler, Kreditkartengesellschaften, vor allem aber Versicherungen, ging die Entwicklung für die großen Institute eindeutig in Richtung des **Finanzzentrums**, das seinen Kunden alle Arten von Finanzdienstleistungen anbieten kann.

Allfinanz

Die Freiheit des grenzüberschreitenden Kapitalverkehrs und die **Freiheit der Finanzdienstleistungen** in Europa und weltweit eröffnen den deutschen Kreditinstituten einerseits neue und attraktive Perspektiven:

Chancen und Risiken offener Märkte

Der Abbau bestehender Grenzen führt erfahrungsgemäß zu einer **Intensivierung des Handels** und zu einer verstärkten Neigung der Unternehmen zu **grenzüberschreitenden Kooperationen**. Die Kreditinstitute folgen als Finanzdienstleister gewissermaßen ihren Kunden auf dem Weg in die internationalen Märkte, wodurch im Ergebnis expansive Impulse für das dazugehörige Bankgeschäft erwartet werden können.

Andererseits führt die weltweite Integration der Finanzmärkte in Verbindung mit einer zunehmenden **Transparenz der Märkte durch** moderne Informations- und Kommunikationstechnologien zu einem immer stärkeren Wettbewerbsdruck unter den Kreditinstituten. Die Öffnung der Märkte und die gegenseitige Marktdurchdringung stellen alle Beteiligten vor neue Herausforderungen.

1.1.2 Europäischer Binnenmarkt

Konzepte für den
Binnenmarkt

Die **Konzepte der Banken** für den Binnenmarkt gewinnen zusehends Konturen. Joint-ventures und Übernahmen im europäischen Finanzdienstleistungsmarkt mehren sich. Das vordergründige Durcheinander an neuen Verflechtungen läßt sich bei näherem Hinsehen auf wenige Kernmerkmale reduzieren, die unterschiedliche Strategien für den EU-Binnenmarkt typisieren.

In einem Punkt stimmen alle Banken mit europäischem Ehrgeiz überein: Eine Expansion ist nur erfolgversprechend, wenn die **Position im heimatlichen Markt** solide gefestigt ist. Für alle großen europäischen Banken heißt die Devise daher, Privatkunden und Firmenkunden noch enger an sich zu binden. Die Konkurrenz wird versuchen, ihren Marktanteil in bestimmten Segmenten zu vergrößern. Besonders begehrt und umworben sind die Privatkunden mit ihrem wachsenden Geldvermögen und die mittelständischen Unternehmer, die Hilfestellung und Beratung auf dem Weg in den Binnenmarkt suchen.

Die verschiedenen **Gruppen des deutschen Kreditgewerbes** sind von der „europäischen Herausforderung" recht unterschiedlich betroffen. Für die **Großbanken** geht es im wesentlichen um die Fortsetzung ihrer schon lange betriebenen, jetzt stärker europäisch akzentuierten internationalen Politik. Für andere, insbesondere die **Sparkassen, öffentlichen Banken** und **Genossenschaften**, gibt es Zwänge, alte (inländische) Strukturen aufzubrechen und die europäische Geschäftsdimension mit einer Neuorientierung zu verknüpfen. Auch die **Spezialkreditinstitute** sehen sich inzwischen einem verschärften Wettbewerb im europäischen Finanzraum gegenüber, wobei die Antwort darauf allerdings unterschiedlich ausfällt: Für die Bausparkassen ist auch weiterhin das „Spezialitätsprinzip" existenznotwendig, während sich für die Hypothekenbanken das „Spezialinstitutsprinzip" wohl nicht mehr aufrechterhalten läßt.

Geschäftspolitische
Strategien

Je nach den gewachsenen Strukturen und den bisherigen Erfahrungen differieren die **geschäftspolitischen Strategien** zur Anpassung und zur Erschließung neuer Märkte in Europa. Gemeinsam ist allen Kreditinstituten eigentlich nur dieses Anliegen: ihre Kunden auf dem Weg in den europäischen Binnenmarkt zu begleiten und neue Kunden in Europa durch komperative Vorteile zu gewinnen.

Für alle Kreditinstitute stellt sich im Hinblick auf die skizzierten neuen geschäftlichen Möglichkeiten im europäischen Kontext die Frage, mit welcher **Strategie** sie eine verstärkte europäische Präsenz realisieren wollen. Grundsätzlich sind vier Wege denkbar:

- expandieren: also eigene Einheiten ausbauen,

- akquirieren: das heißt Bankbeteiligungen erwerben,

- kooperieren: ohne Kapitalbindungen gemeinsame Wege gehen,

- fusionieren: das heißt durch Verschmelzung neue Einheiten entstehen lassen.

Jeder dieser vier Wege hat seine besonderen Vorteile und Chancen, aber auch spezifische Nachteile und Risiken, die es abzuwägen gilt.

Grundsätzlich spielt bei solchen Überlegungen die **geschäftspolitische Grundsatzfrage** eine entscheidende Rolle, nämlich,

Grundsatzfragen

- ob man – gewissermaßen flächendeckend – in allen europäischen Ländern präsent sein oder sich auf Kernregionen beschränken will und

- ob man mit der ganzen Angebotspalette einer Universalbank in sämtlichen Marktsegmenten oder mit einer Spezialisierung nach Produkten bzw. Kundengruppen präsent sein will.

1.1.3 Veränderte Kundenbedürfnisse

In den letzten Jahren haben sich die Bedürfnisse, Wertvorstellungen und Verhaltensweisen der Finanzdienstleistungskunden wesentlich gewandelt.

Der **Privatkunde** ist in der letzten Dekade selbstbewußter, flexibler und anspruchsvoller geworden. Er erwartet höhere Zinsen auf seine Anlagen. Immer häufiger entscheiden sich Privatkunden daher für Termingelder, Schuldverschreibungen und Sparbriefe, immer seltener für niedrigverzinste Spar- und Sichteinlagen. Für die Banken bedeutet das, daß die wichtige **Ertragsquelle „billiger" Kundeneinlagen versiegt**. Der Privatkunde erwartet zusätzlich **mehr Beratungs- und Servicequalität**. Neben dem reinen Verkauf von Produkten ist zunehmend **Problemlösungskompetenz** des Beraters **gefragt**. Um die zu bekommen, sind immer mehr Privatkunden – entgegen früherer Gewohnheit – bereit, das Institut zu wechseln oder eine Zweitbankverbindung aufzunehmen. **Nachlassende Bankloyalität** zu beklagen hilft hier nicht weiter. Banken müssen sich der neuen Situation stellen und versuchen, Privatkunden durch bedarfsgerechte Angebote, lukrativen Service und gute persönliche Beziehungen an sich zu binden.

Privatkunden werden anspruchsvoller

„Hier stehen Anbieter vor dem Problem, daß sie ihre Mitarbeiter im Vertrieb systematisch zu Abwicklern im gebrachten Geschäft und nicht zu unternehmerisch handelnden Gestaltern der Kundenbeziehungen erzogen haben." (Benölken/Wings, 1994)

Finanz- und Unternehmensberatung für Firmenkunden

Auch bei den **Firmenkunden** steht der Wunsch nach maßgeschneiderten Produkten und individueller Beratung im Vordergrund. Die Unternehmen erwarten, daß ihnen der **Betreuer** als **„Key Account Manager"** aus dem breiten Produktspektrum seines Hauses gezielt jenes Angebot erschließt, das zur Lösung eines aktuellen Problems benötigt wird. Der Bedarf geht dabei über die klassische Kreditfinanzierung hinaus *„... hin zur mehrwertorientierten Finanz- und Unternehmensberatung im Sinne eines ‚Managens der Bilanz'" (Klee, 1991)*. Da auch bei den Firmenkunden die Zahl der Nebenbankverbindungen zu-

Relationship-Management gefragt

nimmt, ist der Berater zunehmend auch als **Relationship Manager** gefragt, der als kompetenter Gesprächspartner, Problemlöser und Koordinator das **„transaction-banking"** des Kunden begleitet. Durch den europäischen Binnenmarkt und die Öffnung Osteuropas diversifizieren die Absatzmärkte und Produktionsstätten vieler Unternehmen. Erwartet wird daher zunehmend auch internationale Kompetenz und Präsenz zur Lösung von Problemen vor Ort (Klee, 1991).

1.1.4 Kostenentwicklung

Kosten und Erlöse entwickeln sich im deutschen Bankgewerbe unterschiedlich schnell. Universalbanken und Sparkassen unterhalten insbesondere wegen des Privatkundengeschäftes ein **dichtes Filial- und Zweigstellennetz**. Diese räumliche Verdichtung spiegelt sich in **hohen Kosten** für eine große Mitarbeiterzahl und hohen EDV-Ausgaben

Hohe Kosten für große Mitarbeiterzahl

wider (Sütter/Richarz, 1992). Auch das im Vergleich zum Ausland **niedrige Selbstbedienungsniveau** in Deutschland hat zu der Kostenexplosion der letzten Jahre beigetragen. Vor allem die Abwicklung des **Zahlungsverkehrs** bindet nach wie vor viele Mitarbeiter und verursacht hohe Kosten. Während in Japan und den USA derartige Ent

Technikinvestitionen notwendig

wicklungen bereits zu erheblichen **Technikinvestitionen** und zu einem drastischen **Abbau der Beschäftigtenzahlen** geführt hat – die Zahl der Bankmitarbeiter ist in beiden Ländern heute niedriger als Mitte der 80er Jahre – stieg in **Deutschland** die Zahl der Beschäftigten im Bankgewerbe in den 80er Jahren noch um 16 % an. Ergebnis ist, daß Deutschland heute unter den entwickelten Industrieländern die **niedrigste** Produktivität aufzuweisen hat. Wie das nachstehende Schaubild zeigt, sind die **Japaner** inzwischen **doppelt so produktiv** –

Japaner doppelt so produktiv

bei einem höheren Automatisierungsgrad und einem weniger dichten, aber besser ausgelasteten Filialnetz (Bierer/Fassbender/Rüdel, 1992):

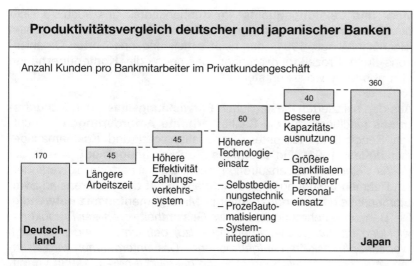

Produktivitätsvergleich deutscher und japanischer Banken

Anzahl Kunden pro Bankmitarbeiter im Privatkundengeschäft

Abbildung 2

(Quelle: McKinsey)

Die japanische Dai-Ichi Kangyo Bank hat beispielsweise in den 80er Jahren trotz Verdoppelung ihrer Bilanzsumme die Mitarbeiter um 22 % abgebaut und bewältigt mit nur einem Drittel der Beschäftigten das doppelte Bilanzvolumen der Deutschen Bank (Lange, 1993).

Die Aussichten für die Kreditinstitute sind wenig rosig. Der verschärfte **Wettbewerb** und die erhöhte **Konditionssensibilität** gut informierter Kunden werden die **Margen im Zinsgeschäft** weiter reduzieren. Hinzu kommt, daß die Ansprüche der Kunden an die **Qualität der Beratung** und den **Selbstbedienungsservice** erheblich zugenommen haben.

Düstere Perspektiven

Damit scheinen explodierende Personal- und Sachkosten weiterhin vorprogrammiert. Wie ist nun der scheinbare **Widerspruch** zwischen dem Ziel, die **Kosten** beträchtlich zu **reduzieren**, gleichzeitig aber den **Kundennutzen** durch verbesserte Service- und Leistungsqualität zu **erhöhen**, aufzulösen?

Um die **Kosten zu senken** und die **Produktivität** deutscher Kreditinstitute zu **erhöhen**, sind die **internen Strukturen und Abläufe** zu überdenken. *„Eine Untersuchung aus den USA zeigt, daß vom Verwaltungsaufwand bei den Banken 9 Prozent auf Hardware, 6 Prozent auf Software entfallen; weitere 25 Prozent entstehen im Kundenkontakt, und der große Rest von 60 Prozent wird für interne Prozesse ausgegeben."* (Endres, 1993)

Interne Strukturen überdenken

Qualifiziertes Personal wird zunehmend zur Verstärkung der Beratungskapazitäten benötigt, erledigt aber in der Praxis heute noch bis zu **90 Prozent Routineaufgaben**. Investitionen in moderne Informationstechniken müssen daher sowohl zu einer **Verbesserung der Ser-**

vice- und Leistungsqualität im Kundenkontakt als auch zu einer deutlichen **Verbesserung der Arbeitsabläufe** im Back-office führen (Benölken/Wings, 1994), das heißt zu leistungsorientierten Organisations- und Prozeßoptimierungen beitragen, die **Kostenüberhänge** dort **abbauen**, wo sie entstehen.

Kostenüberhänge abbauen

Aus den skizzierten wesentlichen **Entwicklungslinien** und **Zukunftstrends** resultieren für die Banken **erhöhte Anforderungen** hinsichtlich Reagibilität, Kompetenz, Innovationskraft und Kostenmanagement (Klee, 1991). Ein **alleiniges Kostenmanagement**, wie in der Praxis vieler Institute anzutreffen, reicht als Antwort auf die veränderten Rahmenbedingungen also nicht aus. Statt des Kurierens an Symptomen ist ein neuer **ganzheitlicher Managementansatz notwendig**. Die Bankunternehmung ist „ ... *als Gesamtheit – von der Produktentwicklung bis hin zur Verarbeitung – (zu) betrachten, und zwar nach Wertschöpfungsketten aufgebrochen ... Das Unternehmen wird als integrierter Leistungsverbund in Frage gestellt"* (Endres, 1993). Im Mittelpunkt steht der **Nutzen des Kunden**. Der gesamte Prozeß der Leistungserstellung wird an seinen Bedürfnissen und an seiner Zufriedenheit gemessen. Die zentralen Fragen lauten:

Ganzheitliches Management gefragt

> ● Wie muß die optimale Wertschöpfungskette aussehen, damit der Kunde jederzeit einen qualitativ hochwertigen Service bekommt?
>
> ● Welche Bearbeitungsschritte können entfallen, damit der Wunsch des Kunden schneller befriedigt werden kann?
>
> ● Was können Kooperationspartner besser, damit der Kunde das gewünschte Produkt möglichst kostengünstig bekommt?

Deutlich wird die neue Perspektive: Nicht von innen nach außen, sondern von außen nach innen, also aus Kundensicht, ist der Blickpunkt gewählt (Endres, 1993). Dieser **Paradigmenwechsel** fordert grundlegend **neue Organisationsstrukturen**. Die Organisation hat als **Führungsinstrument** dafür zu sorgen, daß sich eine Bank bei Veränderungen im Kunden- und Konkurrenzverhalten oder sonstiger Rahmenbedingungen so anpaßt, daß die langfristige Leistungsfähigkeit gesichert wird (Wielens, 1991). Vor dem Hintergrund des rasanten Wandels im Umfeld der Banken werden die **organisatorischen Fähigkeiten** eines Instituts damit zu einem **Haupterfolgsfaktor** im künftigen Wettbewerb.

Organisation – Haupterfolgsfaktor im Wettbewerb

1. Welche wesentlichen Veränderungen haben sich im geschäftlichen Umfeld der Banken in den letzten Jahren vollzogen?

2. Welche Trends lassen sich aus den weltweiten Veränderungen der Finanzmärkte ableiten?

3. Welche grundsätzlichen Strategien können Kreditinstitute wählen, um neue Märkte in Europa zu erschließen?

4. Von welchen Faktoren kann die Entscheidung für eine der oben genannten Strategien abhängen?

5. Durch welche zentralen Aspekte lassen sich die geänderten Bedürfnisse der Privat- und Firmenkunden kennzeichnen?

6. Worin liegen die Hauptursachen für die niedrige Produktivität der deutschen Kreditinstitute?

7. Welche Möglichkeiten gibt es, die Produktivität deutscher Kreditinstitute zu verbessern?

Arbeitsaufgaben

1.2 Traditionelles Bankmanagement: Strukturorientierte Führungskonzepte

Orientierungsfall

> *Herr Holzner will bei der Altus Bank Geld anlegen. In der Filiale Opernplatz geht er zunächst in die Wertpapierabteilung. Nach Abwicklung eines Optionsgeschäfts plant er noch die Anlage von 100 000 DM als Termingeld. Der Wertpapierberater will ihm lieber festverzinsliche Wertpapiere verkaufen. Herr Holzner lehnt jedoch dankend ab und wird daraufhin an den zuständigen Privatkundenbetreuer verwiesen. Nach einer guten halben Stunde wird er endlich bedient. Im Gespräch erkundigt sich Herr Holzner auch nach dem vor einiger Zeit beantragten Investitionsdarlehen für seinen Betrieb. Dafür, so wird ihm mitgeteilt, sei der Filialleiter zuständig. Herr Holzner hat Glück und erwischt diesen auf dem Weg in die Mittagspause. Der Filialleiter teilt ihm mit, daß ein Kredit in dieser Größenordnung nicht von ihm, sondern nur von der Kreditabteilung der Hauptstelle entschieden werden könne. Die Abteilung sei zur Zeit allerdings völlig überlastet, weshalb er sich noch etwas gedulden müsse. Verärgert verläßt Herr Holzner die Filiale.*

Historisch gewachsene Strukturen

Die internen Strukturen von Kreditinstituten, also die **Aufbau- und Ablauforganisationen**, sind historisch gewachsen. Für die Organisation einer Bank sind dabei drei **Merkmale** von grundlegender Bedeutung:

1. Entsprechend der Funktion der Kreditinstitute, Kredite zu nehmen und zu gewähren, besteht ein wesentlicher Teil ihrer Tätigkeit aus Verwaltungs- und Buchungsarbeiten.

2. Trotz der modernen Technologien wird immer der Mensch im Mittelpunkt des Bankbetriebes stehen, bedingt durch die Eigenart der Tätigkeit und das Betreuungs- und Beratungsverhältnis, das zwischen einem Kreditinstitut und seinen Kunden besteht.

3. Wie kaum in einem anderen Erwerbszweig ist das Vertrauen der Bankkundschaft die Grundlage für die erfolgreiche Tätigkeit der Kreditinstitute in der Volkswirtschaft.

Prinzipien der Bankorganisation

Diese Besonderheiten prägen auch weiterhin die bankbetriebliche Organisation, die durch **zwei tragende Prinzipien** gekennzeichnet ist:

● **Wirtschaftlichkeit** und

● **Gewährleistung der Sicherheit**.

Die **klassische** betriebswirtschaftliche **Organisationslehre** hat bei ihren Bemühungen um die Ableitung einer „richtigen bankbetrieblichen Organisation" objektiv-sachliche Gesichtspunkte in den Vordergrund gestellt und auf dieser Grundlage ein verhältnismäßig **einfaches „Zweckmodell" der Bankorganisation** entworfen.

Der Bankbetrieb wird als System, das heißt als Ordnung von Beziehungen verstanden, durch die die verschiedenen arbeitsteilig begründeten Funktionen und Abteilungen zu einem Ganzen verknüpft werden.

Das Verhältnis der Gesamtorganisation zu seinen Teilen wird durch das **Zweck/Mittel-Schema** interpretiert: Alle Teile der Bankorganisation haben sich als Mittel zum Zweck des Ganzen auszuweisen. Funktionen und/oder Abteilungen, die sich nicht in diesen Ordnungsrahmen einfügen, werden als Störfall betrachtet.

„Organisatorische Grundsätze bezogen sich auf Aufgaben- und Verantwortungszuordnung, Bildung von Rangordnungen, optimale Kontrollspannen, Auftragserteilung, Ausnahmefallprinzip. Steigenden geschäftlichen Anforderungen an eine Bank wurde vorwiegend durch immer höhere Struktur- und Prozeßkomplexität entgegengewirkt." (Morgen, 1991)

Grundsätze

Regelmäßig durchgeführte **Gemeinkosten-Wertanalysen** und **Aufgabenanalysen** sollten dazu beitragen, die Prozeßabläufe zu „optimieren".

Gemeinkosten-Wertanalyse

Die **„Innenorientierung"** hat in vielen Instituten inzwischen zu einem „tief gestaffelten", unflexiblen und bürokratischen Apparat mit deterministischen Planvorgaben und Motivationsproblemen der Mitarbeiter geführt.

Den sich ändernden Marktgegebenheiten folgend haben viele Häuser daher seit Mitte der 80er Jahre begonnen, die Strukturen ihrer **Aufbauorganisation** zu überprüfen, mit dem Ziel, **Marktorientierung** und **Vertriebskraft** zu stärken und die **Steuerungssysteme zu verbessern**.

Die **erste Stufe** in Richtung Kundenorientierung galt der **Modifikation überholter funktionaler Organisationsstrukturen**, also der Gliederung einer Bank nach banktypischen Funktionen wie Kreditgewährung, Emissionsgeschäft, Anlageberatung, Vermögensverwaltung usw. Wesentliche Bankaktivitäten waren bis dahin in Abteilungen, Hauptabteilungen, Bereichen und Ressorts gebündelt. Der wesentliche **Nachteil** dieser Struktur lag in der **fehlenden Koordination**, wenn ein Kunde mehrere Leistungen der Bank nachfragte.

Funktionale Strukturen überwinden

Durch die **Einführung produktbezogener Abteilungsstrukturen** und **Produktmanagern** wurde versucht, diesen Nachteil auszugleichen. Diese Struktur wird *„... üblicherweise dann eingesetzt, wenn neue Produkte eingeführt werden. Hierbei erstreckt sich die Verantwortung zunächst auf den ‚Absatz im eigenen Haus‘, d. h. auf die Unterrichtung und Ausbildung der ausschließlich im Vertriebsbereich tätigen Mitarbeiter einer Bank."* (Subjetzki, 1991)

Divisionale Organisation

Eine Fortentwicklung der funktionalen Idee stellt auch die weit verbreitete **divisionale** oder **spartenorientierte** Struktur dar. Geschäftssparten wie Commercial Banking (Kredite), Investment Banking (Finanz) und Trust Banking (Anlagen) verbleiben zwar unter einheitlicher Leitung, sind jedoch soweit verselbständigt, daß sie als **Profit-Center** die alleinige Verantwortung für den Erfolg tragen (Kilgus, 1991).

„Die ... Spartenorientierung erschwert (allerdings) eine ganzheitliche, kundenbezogene Marktbearbeitung. Spartenziele standen und stehen noch immer im Vordergrund und nicht der Kunde mit seinem individuellen Beratungs- und Finanzdienstleistungsbedarf." (Benölken/Wings, 1994)

Kundengruppen-bezogene Strukturen

Auf dem Weg zu einer kundenorientierten Organisation haben viele Häuser in den letzten Jahren **kundengruppenbezogene Strukturen** entwickelt. Sie sollen dem differenzierteren Bedarf der Kunden nach Bankdienstleistungen Rechnung tragen. Zu diesem Zweck wurden **Kundensegmente** gebildet: große, mittlere, kleine Firmenkunden, Freiberufler wie Ärzte, Rechtsanwälte, Ingenieure usw., vermögende Privatkunden, Mengenkunden, institutionelle Anleger wie Versicherungen, Pensionskassen, öffentlich-rechtliche Körperschaften wie Gemeinden, Krankenhäuser usw. Jedes Kundensegment soll durch einen **Repräsentanten der Bank** in allen bankgeschäftlichen Belangen betreut werden.

Dieser Ansatz ist im **Marketinginstrumentarium** vieler Häuser heute schon anzutreffen, in der organisatorischen Umsetzung allerdings noch die Ausnahme.

„Konsequenter Ausdruck einer kundengruppenorientierten Organisationsstruktur ist nämlich nicht nur eine entsprechende Formalstruktur der Aufbauorganisation, sondern auch ein nach Kundengruppenpotentialen differenziert gegliederter Vertrieb mit der Konsequenz, daß nicht mehr jede Vertriebseinheit automatisch für jede Kundengruppe zuständig ist." (Benölken/Wings, 1994)

Marktgebietsorientierte Strukturen

Eine Variante der Untergliederung nach Kundengruppen ist die **marktgebietsorientierte Struktur**. Die Bank wird zunächst nach Regionen, Wirtschaftszweigen, Ländern usw. aufgeteilt, den Führungskräften und Mitarbeitern entsprechende Gebietsverantwortung übertragen.

Problematisch an diesem Ansatz ist jedoch, daß die **Mitarbeiter** in ihrer **Beratungskapazität** schnell **überfordert** sind.

„In der Praxis führt dies dazu, daß die Kundenbetreuer zwar als erste Ansprechpartner für alle Belange des Kunden bereitstehen, in der Regel aber nur die hauptsächlich von dieser Kundengruppe in Anspruch genommenen Leistungen vermitteln und für spezielle Problemlösungen zuständige Kollegen von den Produktabteilungen heranziehen." (Subjetzki, 1991)

Jede der vorgestellten Strukturen hat ihre spezifischen Vor- und Nachteile. In der Praxis ist daher auch eine Kombination mehrerer Gliederungsprinzipien, die **Matrixorganisation**, anzutreffen. Häufig ist es die Kombination funktionaler und kundengruppenorientierter Gliederung.

Matrixorganisation

In der **Praxis** kommt diese Organisationsform *„am deutlichsten in der doppelten organisatorischen ‚Anbindung' der Filialmitarbeiter zum Ausdruck: Üblicherweise ist die Zentrale einer Bank nach Kunden- und Produktbereichen organisiert, während die Filialen kundengruppenorientiert sind ... Der Firmenberater in der Filiale untersteht in einer Matrixorganisation disziplinarisch seinem Filialleiter, fachlich jedoch dem Leiter des Firmengeschäfts der Zentrale. Diese zweifache Verklammerung der Verantwortung in einer Person soll den notwendigen Interessenausgleich zwischen der Kundengruppenorientierung und Produktorganisation herbeiführen."* (Subjetzki, 1991)

Auf dem Weg zu einer kundenorientierten, ressourcenschonenden und effizienten Bankorganisation haben die vorgestellten Ansätze nur einen begrenzten Beitrag leisten können. Starre Hierarchieebenen, Bereichsegoismen, Zentralismus, Kompetenzgerangel und sparten- und produktbezogenes Denken sind im Bankalltag nach wie vor stark verbreitet.

Ineffiziente Strukturen weiterhin Praxis

Die **Konsequenzen** dieser Praxis sind:

- *„ein Nebeneinander verschiedener Kunden- und Betreuungszuständigkeiten (Filialleiter, Spezialist in der Zentrale ...),*

- *eine unzureichende Marktunterstützung,*

- *eine häufige Diskrepanz zwischen Markt und Marktfolge zu Lasten der Durchlaufzeiten und des Kundennutzens,*

- *eine undifferenzierte Ressourcennutzung, vor allem im Marktfolge- oder oft auch im Steuerungsbereich.*

Die Vielfach-Ansprechpartner-Praxis ist aber nicht nur oft kundenabweisend, sondern kann auch extrem teuer sein ..." (Benölken/Wings, 1994)

Arbeitsaufgaben

1. Was versteht die betriebswirtschaftliche Organisationslehre unter dem Begriff „Zweck-Mittel-Schema"?

2. Wodurch ist eine funktionale Bankorganisation gekennzeichnet?

3. Warum wird die „traditionelle" Bankorganisation den aktuellen Marktgegebenheiten nicht mehr gerecht?

4. Welche konzeptionellen Entwicklungsschritte von der funktionalen zur kundenbezogenen Organisation lassen sich unterscheiden?

5. Skizzieren Sie die Matrixorganisation am Beispiel eines Kreditinstituts.

1.3 Zeitgemäßes Bankmanagement: Prozeßorientierte Führungskonzepte

Die Europabank hat die Zeichen der Zeit erkannt und will sich mit einer neuen Organisation dem verschärften Wettbewerb um die Privat- und Firmenkunden stellen. Zusammen mit einer Unternehmensberatungsgesellschaft ist eine neue Organisationsstruktur erarbeitet worden, die nun konsequent umgesetzt werden soll. Zunächst will man die Struktur des Filialvertriebs ändern. Der breiten Privatkundschaft will man künftig nur noch ein gestrafftes Produktangebot offerieren, die Vermögensberatungskunden hingegen in ausgewählten Filialen (Schwerpunktstellen) individueller und gezielter betreuen. Zusätzlich will man einen filialnetzunabhängigen zweiten Vertriebsweg aufbauen. Die Abwicklung der Geschäfte in den Back-Office-Bereichen soll durch den Einsatz neuer Soft- und Hardware optimiert werden. Ferner ist geplant, einige Abteilungen aufzulösen und die Leistungen von externen Anbietern einzukaufen.

Orientierungsfall

Die vorangegangenen Ausführungen haben gezeigt, daß sich die Banken bemühen, ihre Organisationsstrukturen den gewandelten Marktgegebenheiten anzupassen und auf die Bedürfnisse der Kunden auszurichten. In der **Praxis** dominieren aber nach wie vor **„unechte" Formen der marktorientierten Aufbau-Organisation**, z. B. die regionalisierte Organisationsstruktur, in der in allen kundenbezogenen Funktionen de facto mehrere Institute unter einem gemeinsamen juristischen Dach, mit einem gemeinsamen Stabsstellen- und Betriebsbereichsfächer zusammengefaßt sind (Benölken/Wings, 1994).

Eine wirkliche **Marktorientierung** setzt allerdings eine völlige **Neuausrichtung des Gesamtunternehmens** Bank voraus.

Unter den Oberbegriffen „kundenproblemorientierte", „bedarfsbündel-" oder **„geschäftsfeldorientierte" Organisationsstruktur** wird gegenwärtig ein Managementansatz diskutiert, der die Geschäftsprozesse von Banken quantitativ und qualitativ optimieren und im Ergebnis zu einer meßbaren Erhöhung der Dienstleistungsqualität und der Kundenzufriedenheit sowie zu einer nachhaltigen Kostensenkung führen soll.

Geschäftsfeldorientierte Struktur

Kerngedanke dieses Ansatzes ist die **Zusammenführung von Kunden- und Produktverantwortung** unter einheitlicher Leitung, mit dem Ziel, daß die Kundenbetreuer ein vertieftes Produktwissen, die Produktmanager ein engeres Verhältnis zu den Marktgegebenheiten entwickeln.

Kerngedanke

Die Zusammenfassung von Produktion und Vertrieb der Finanzdienstleistungen hat zwangsläufig Auswirkungen auf die **Organisationsstruktur** einer Bank.

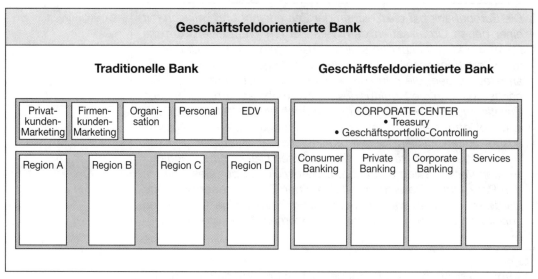

Abbildung 3   (Quelle: In Anlehnung an: Bierer/Fassbender/Rüdel, 1992)

Kunden im Mittelpunkt

Die Abbildung zeigt, daß die weitverbreitete Regionalorganisation in
der geschäftsfeldorientierten Bank abgelöst wird durch eine **Ge-
schäftsspartenorganisation nach Kundengruppen**. Der Wandel
weg von der Matrixorganisation schafft kleinere Unternehmens- und
Organisationseinheiten, die als **Profit-Center** geführt werden. In zentraler Zuständigkeit verbleiben in erster Linie die Steuerungs- und
Kontrollaufgaben. Diese **Overhead-Entflechtung** erleichtert die Diffe-
renzierung nach Geschäftssparten und erhöht zudem die Flexibilität
(Bierer/Fassbender/Rüdel, 1992).

Overhead-Entflechtung

**Kurze
Entscheidungswege**

Durch eine derartige Umstrukturierung können **Entscheidungswege
verkürzt** und **Schnittstellen** sowie der Abstimmungs- und Koordina-
tionsaufwand arbeitsteiliger Systeme zugunsten der Kunden **reduziert** werden.

Flache Hierarchien

Voraussetzung ist allerdings eine mit der Dezentralisierung von Verantwortung verbundene **Abflachung der Hierarchien** und der stärkere Einsatz von hierarchie- und bereichsübergreifender **Projektorgani-
sation** (Klee, 1991).

Aufbauorganisatorisch wird die **Hierarchiegestaltung** festgelegt
durch die Anzahl der einem Vorgesetzten direkt unterstellten Mitarbeiter. Die Kontrollspanne ist unter anderem abhängig von der Aufgaben-
komplexität, der Mitarbeiterqualifikation und dem Führungsstil des jeweiligen Vorgesetzten (Gloystein, 1993). Durch den zunehmenden Ein-

satz moderner **Informationstechnologien** werden die zur Hierarchie-
abflachung notwendigen Vergrößerungen der Kontrollspannen ermög-
licht. Die naheliegende Konsequenz ist der **Abbau des mittleren Managements** (Wings, 1990).

Abbau des Middle-
Managements

Die konsequente Marktorientierung, bei der das Mengengeschäft mit
der breiten Privatkundschaft standardisiert, vermögende Privatkunden
ganzheitlich betreut und die Beratungsqualität für Firmenkunden verbessert werden soll, fordert auch von den **Filialen** und **Zweigstellen**
eine **gezieltere Ausrichtung auf die einzelnen Kundengruppen** als
bisher.

In der geschäftsfeldorientierten Bank wird sich ein Großteil der Filialen
auf das Geschäft mit der Privatkundschaft konzentrieren. Die Betreuung der Firmenkunden erfolgt dagegen fast ausschließlich in den
übergeordneten Regionalfilialen, um eine Vollauslastung der dort tätigen, hochqualifizierten Kundenbetreuer zu gewährleisten. Das volle
Leistungsspektrum wird nur noch in den Gebietsfilialen vorgehalten.

Vermehrte **Potential-** und **Standortanalysen** werden in Zukunft sicher
auch zur Schließung von Zweigstellen führen, ein drastischer **Abbau
des Zweigstellennetzes** ist jedoch angesichts der dadurch beding-
ten Aufgabe vieler Kundenverbindungen nicht wahrscheinlich (Lange,
1993). Ziel ist vielmehr eine sinnvolle Ergänzung der **stationären Vertriebssysteme** durch flexible Formen wie beispielsweise den **Außendienst**, dessen Chancen vor allem in der zeitlichen Flexibilität liegen.

Flexible
Vertriebssysteme

Da die Kunden die starren Öffnungszeiten bemängeln, die Nutzung
der Beratungsräume außerhalb der Geschäftszeiten allerdings problematisch ist, können durch Einrichtung eines Außendienstes **Wettbewerbsvorteile** gegenüber Mitbewerbern erzielt werden (Stracke, 1988).

Wie oben erwähnt, ist mit der Geschäftspartenorganisation auch eine **Entflechtung der Overhead-Funktionen** wie Personalwirtschaft,
Organisation und Verwaltung, Marketing usw. verbunden. Eine **Auftei-
lung** aller **Servicefunktionen** auf die Geschäftssparten ist jedoch
nicht immer sinnvoll, insbesondere dann nicht, wenn dadurch **Skalen-
bzw. Spezialisierungsvorteile** verlorengehen. Ein Beispiel dafür ist
der Rechenzentrumsbetrieb einer Bank, bei dem nur durch die Verarbeitung enormer Datenmassen **Kostendegressionseffekte** eintreten.
Da in aller Regel nur Großbanken diese Schwellenwerte erreichen, ist
es in den meisten Fällen sinnvoller, derartige Funktionen auf externe
Anbieter zu verlagern (**Outsourcing**), die sie kostengünstiger anbieten
können. Als „Zulieferer" etabliert haben sich im Bankbereich insbesondere SWIFT zur Abwicklung des internationalen Zahlungsverkehrs
und die GZS im Bereich des Eurochequesystems (Moormann/Wölfing,
1991).

Outsourcing

Eine **Ausgliederung** kann auch dann sinnvoll sein, wenn ein **Funktionsbereich** für die Erstellung von Finanzdienstleistungen **nicht zwingend erforderlich** ist. Aufgaben von untergeordneter Bedeutung wie beispielsweise die Materialverwaltung und Gebäudewartung können in der Regel problemlos auf **Drittunternehmen** verlagert werden. Allerdings ist darauf zu achten, daß in **strategisch wichtigen Bereichen** die **eigene Kompetenz** auf Dauer erhalten bleibt. In diesen Fällen empfiehlt sich die Übertragung der Aufgaben auf **eigene Gesellschaften**.

Im Sinne einer konsequenten Organisationsoptimierung werden vor allem kleinere Institute auch darüber nachdenken müssen, nicht nur klassische Servicefunktionen auszugliedern, sondern auch bei wichtigeren Bereichen wie etwa der Rechtsabteilung eine Auslagerung in Erwägung zu ziehen.

Effiziente Ablauf-organisation

Eine konsequente Reorganisation des Bankbetriebes fordert nicht nur aufbau-, sondern auch **ablauforganisatorische Veränderungen**. Ziel ist, die Durchlaufzeiten für die Bearbeitung von Geschäftsvorfällen erheblich zu reduzieren, Schnittstellen kostenoptimal zu gestalten und die fehlerfreie und effiziente Abwicklung des operativen Geschäfts zu gewährleisten. Um diese Ziele zu erreichen, bieten sich verschiedene **Maßnahmen** an.

Geringe Wertschöpfung

Durch **tayloristisch organisierte Arbeitsprozesse** wurden in Banken lange Zeit logisch zusammenhängende Funktionen voneinander getrennt, wodurch die **Wertschöpfung pro Arbeitsplatz** und die Identifikation der Mitarbeiter mit ihren Aufgaben gering war (Wielens, 1991). Konsequenzen dieser hohen Arbeitsteiligkeit sind **lange Durchlaufzeiten**, hohe Kosten und vor allem eine **hohe Fehleranfälligkeit**, was sich insbesondere im Zahlungsverkehr in hohen **Produktivitätslücken** niederschlägt (Endres, 1993). So beträgt die Dauer einer Überweisung in Japan ein bis zwei Stunden statt der gängigen ein bis zwei Tage in Europa.

Moderne Informations-technologien

Durch die **Implementierung** moderner **Informationstechnologien** können derartig zeit- und kontrollaufwendige Geschäftsprozesse sowohl im Schalterbereich als auch im Back-office optimiert werden. Umfangreiche **Rationalisierungen** und die **Verbesserung der Informationsverarbeitung** und -bereitstellung sind das Ergebnis.

Ein **Beispiel** aus dem **Zahlungsverkehr**: Als in Deutschland versucht wurde, durch immer feinere Arbeitsteilung und durch neue Techniken wie z. B. Schriftenleser eingefahrene Prozesse zu optimieren, wählten die **Japaner** einen effektiveren Weg. Durch die Einführung und konsequente **Nutzung multifunktionaler Geräte**, die von den Kunden bei Einzahlungen und Überweisungen genutzt werden, wurde die **Schnitt-**

stelle Kunde-Bank weitgehend automatisiert und der Belegtransport auf ein Minimum reduziert (Bierer/Fassbender/Rüdel, 1992).

Inzwischen sind auch in Deutschland die Überlegungen hinsichtlich der Installation und Durchsetzung kostengünstiger Kundenschnittstellen weiter fortgeschritten. Insbesondere durch die flächendeckende **Ausstattung der Filialen mit funktionserweiterten Geldausgabeautomaten und Kontoauszugsdruckern** wurde ein Schritt in die richtige Richtung unternommen. Die Erweiterung der Selbstbedienung kann bei entsprechender **Kundenakzeptanz** einerseits den personal- und kostenintensiven Schalterbetrieb einschränken, andererseits den Kunden auch unabhängiger von Öffnungszeiten machen.

Allerdings sind erfahrungsgemäß viele Kunden aufgrund ihrer **traditionellen Erwartungshaltung** gegenüber den Banken oft nicht bereit, derartige Veränderungen zu akzeptieren. Der Versuch einer deutschen Großbank, Auszahlungen, die nicht an den in den Filialen installierten Geldautomaten vorgenommen wurden, mit einer Gebühr zu belegen, um die Kunden an diese Form der Selbstbedienung heranzuführen, scheiterte.

Ein weiterer Ansatzpunkt der horizontalen Reorganisation ist die **Analyse der innerbetrieblichen Arbeitsvorgänge** mit dem Ziel, durch DV-Unterstützung Schwachstellen abzubauen. Diese bestehen zumeist in der Beschaffung schwer zugänglicher Informationen, in den Verzögerungen bei schriftlicher Kommunikation, in ungleicher Arbeitsauslastung und vor allem im hohen Zeitaufwand bei der Anfertigung von Kreditberichten und der Korrespondenz (Wielens, 1991).

Im Zuge der nötigen Umstrukturierungen werden daher in erster Linie **technische Tätigkeiten** in überregionalen Einheiten **bereichsübergreifend gebündelt**, um zu einer verbesserten Effizienz in der Bearbeitung zu kommen. So birgt die traditionelle Kreditbearbeitung ein Einsparungspotential an Zeit und Kosten von schätzungsweise rund 25 % (Adams/Droege, 1993).

Durch die **Bündelung vieler Arbeitsschritte** an einem Beraterplatz mit gleichzeitiger Standardisierung und Automatisierung der Prozesse kann dem einzelnen Kundenbetreuer umfassende Verantwortung gegeben und der **Wegfall zahlreicher Back-office-Tätigkeiten** erreicht werden. Möglichkeiten zur Verbesserung der internen Kommunikation bieten Bürokommunikationssysteme. Telefonate und interner Schriftverkehr lassen sich auf diesem Wege wesentlich produktiver abwickeln (Bierer/Fassbender/Rüdel,1992).

Zwar sind die technischen Voraussetzungen für den Aufbau aller genannten Informations- und Kommunikationssysteme schon vorhan-

Kundenselbst-
bedienung

Kundenakzeptanz ist
Voraussetzung

den, aber Wettbewerbsvorteile für die Banken entstehen erst durch ihre optimale Anwendung (Wings, 1990). Um wirkliche Effizienzsteigerungen herbeizuführen, muß der vermehrte Technikeinsatz auch mit

Mitarbeiterqualifikation

einer zunehmenden **Mitarbeiterqualifikation** einhergehen. Die Mitarbeiter müssen ein neues, umfassendes **Bewußtsein für die Gesamtzusammenhänge** innerhalb der Bank entwickeln. Die marktorientierte Reorganisation wird damit zu einer **Herausforderung für das Personalmanagement** der Banken. Statt sich primär darauf zu konzentrieren, wie der den Strukturwandel begleitende Personalabbau zu gestalten ist, müssen die verbleibenden Mitarbeiter auf die neuen Strukturen und ihre damit verbundenen, wesentlich erweiterten Aufgaben vorbereitet werden (Benölken, 1993). Nur so kann gewährleistet werden, daß die Mitarbeiter die neuen Gestaltungsmöglichkeiten aufgreifen und die damit verbundene Verantwortung tragen (Endres, 1993).

Ein wesentlicher Grund für die komplexen Strukturen in Banken ist das oft sehr breite Produkt- und Leistungsprogramm. Diese **Produktkomplexität** erfordert **viele Spezialisten** in der Produktentwicklung und im Vertrieb und trägt somit zu einer immer stärkeren **Aufblähung der Kosten** bei. Untersuchungen haben ergeben, daß bis zu 30 % der **Gesamtkosten produktproportional** sind, d. h. mit der reinen Anzahl der Produkte steigen und bei der Entwicklung und Pflege von Anwendungsprogrammen und in der Verkaufsförderung und Mitarbeiterschulung entstehen.

Im Hinblick darauf, daß oftmals **negative Deckungsbeiträge** erwirtschaftet werden und „**Subventionierungen**" von einem Produkt zum anderen auf Dauer nicht durchzuhalten sind, muß jede Bank umfassende und langfristige **Produktbeurteilungen durchführen** und solche Produktvarianten streichen, die nur in unzureichendem Maße genutzt oder ohne weiteres auch durch andere Produkte abgedeckt werden können (Wieck/Wünsche, 1993). Die **gestraffte Produktpalette**

Gestraffte Produktpalette

muß sich an einer Produktstruktur orientieren, die die Bedürfnisse der jeweiligen Kundengruppe widerspiegelt. So bietet z. B. die CitiBank nur wenig mehr als 20 Produkte an und deckt trotzdem jeglichen Bedarf ihrer Kunden ab.

Werden neue Produkte entwickelt, so müssen diese die vorhandene Produktpalette zielgruppenorientiert ergänzen. In letzter Zeit gewinnen

Electronic Banking gewinnt an Bedeutung

dabei **Electronic-Banking-Dienstleistungen** zunehmend an Bedeutung. Auch durch **Telefon-Banking** können Kreditinstitute die Kundenzufriedenheit und die Kundenbindung erhöhen. Gleichzeitig wird hierdurch der Beleganfall reduziert, zu kostengünstigerer Abwicklung des Mengengeschäfts beigetragen und erheblicher Freiraum für beratungsintensive Verkaufsgespräche geschaffen (Lange, 1993).

Die Entwicklung von der Matrix- zur geschäftsfeldorientierten Organisation kann allerdings zur **Entstehung von Bereichsegoismen** führen und das Risiko, daß sich unter einem Dach die Geschäftssparten im Sinne eines **Bank-in-Bank-Prinzips** getrennt voneinander weiterentwickeln, erhöhen. Diese Gefahr besteht insbesondere dann, wenn den Unternehmens- und Geschäftsbereichen auch die Verantwortung für Auswahl und Einsatz spartenspezifischer Datenverarbeitung übertragen wird (Lange, 1993). Um dies zu verhindern, ist für das Top- und Middle-Management in gewissen Zeitabständen ein **Wechsel des Aufgabenbereichs** im Sinne von „Job-Rotation" denkbar.

Derartige geschäftsbereichsübergreifende Maßnahmen sind durch bereichsinterne zu ergänzen. Die ungleichmäßige Arbeitsbelastung vieler Mitarbeiter im Back-office und in den kundennahen Bereichen wurde bereits erwähnt. Um eventuelle Wartezeiten der Kunden zu vermeiden, orientiert sich die Zahl der Mitarbeiter in einer Zweigstelle üblicherweise am **Spitzenbedarf zu Stoßzeiten**. Da mehr als 90 % der Mitarbeiter Vollzeitbeschäftigte sind, sind zu Zeiten geringerer Nachfrage demnach viele **Angestellte teilweise „arbeitslos"**.

Schwankender Arbeitsanfall

Im Vergleich zu der in Deutschland sehr geringen Anzahl auf Teilzeitbasis beschäftigter Mitarbeiter wird in Japan durch eine doppelt so hohe Anzahl an **Teilzeitkräften** eine **Auslastung** von nahezu 100 % erreicht. Angesichts des besonderen Charakters der Finanzdienstleistungen kann es natürlich nicht Ziel des Kreditgewerbes sein, den Großteil der Mitarbeiter stundenweise zu beschäftigen, jedes Haus wird sich im Hinblick auf **Kostensenkungen** jedoch künftig bemühen müssen, die **Teilzeitquote** zu **erhöhen**.

Erhöhung der Teilzeitquote

Angesichts der beschriebenen Entwicklungstendenzen im Bankgewerbe gewinnt der **Qualitätswettbewerb** zusehends an Bedeutung und wird zum **strategischen Erfolgsfaktor**. Das aus der Industrie bekannte Konzept des **Total Quality Management** wird künftig auch auf Finanzdienstleistungen übertragen werden müssen.

Im TQM-Konzept wird **Qualität als Bündel verschiedener Teilqualitäten** verstanden. Je nach den Bedürfnissen des Kunden und den Anforderungen, die er an ein Gut oder eine Leistung stellt, werden die Teilqualitäten unterschiedlich beurteilt und gewichtet. Dabei spielen auch **emotionale Faktoren** und **Sinnesempfindungen** eine Rolle (Bösenberg/Metzen, 1993). Für den Absatzerfolg ist daher allein die **subjektive Beurteilung** der Qualität durch den Abnehmer entscheidend (Engelhardt/Schütz, 1991). Qualität ist deshalb nicht dann erreicht, wenn die Qualitätsmaßstäbe eines Unternehmens erfüllt sind. Qualität orientiert sich allein am Markt, die **Zufriedenheit des Kunden steht im Vordergrund** (Töpfer, 1993). Seine Erwartungen bilden die Eckpfeiler der betrieblichen Planung, Kommunikation und Arbeitsorganisation.

Total Quality Management (TQM)

Die Frage der Übertragbarkeit des TQM-Konzeptes auf Dienstleistungen ist kontrovers diskutiert worden. Dabei tauchen stets die Begriffe „Intangibilität" und „Integration eines externen Faktors" auf (Strauß/ Hentschel, 1991).

Intangibilität bezieht sich auf den Umstand, daß eine Dienstleistung nicht physisch präsent ist. Die Integration eines externen Faktors besagt, daß die Leistungserstellung ohne die Mitwirkung eines Kunden oder eines ihm gehörenden Objektes nicht möglich ist.

Vorbehaltlich dieser grundsätzlichen Problematik läßt sich analog zu der Qualitätsdefinition in Industrieunternehmen **Dienstleistungsqualität** als eine „**Übereinstimmung mit den wirklichen Bedürfnissen des Kunden**" beschreiben (Haller, 1993).

Mitarbeiterverhalten

Kurze Bearbeitungszeiten und niedrige Fehlerquoten werden von Kunden heute als selbstverständlich betrachtet; was die Kreditinstitute aus Kundensicht voneinander unterscheidet, ist das **Mitarbeiterverhalten**, insbesondere deren Bereitschaft, sich um **individuelle Kundenwünsche** zu kümmern (Drewes, 1993). Untersuchungen zeigen, daß Kunden nicht nur das Produkt als solches beurteilen, sondern auch den **Bankmitarbeiter** mit seinen **fachlichen und menschlichen Qualifikationen**. Sein Verhalten und seine Vertrauenswürdigkeit werden neben Beratung und Service zum entscheidenden Qualitätsindikator (Brunner, 1993).

Die **Personalentwicklung** der Kreditinstitute muß darauf entsprechend reagieren und bei den Mitarbeitern neben fachlichen Qualifikationen **methodische** und **sozial-kommunikative Handlungskompetenzen** aufbauen.

Die **Verwirklichung von TQM** bedeutet, daß alle Bereiche und Funktionen einer Bank in einem bisher nicht gekannten Ausmaß auf den Kunden auszurichten und gleichzeitig die technischen und personellen Ressourcen optimal zu nutzen sind.

Beteiligung der Mitarbeiter

Um sämtliche betriebliche Instanzen auf das Kundenerfordernis „Qualität" auszurichten, müssen zunächst **Ziele und Grundsätze der Qualitätspolitik** institutsübergreifend formuliert werden (Brunner, 1993). Alle Mitarbeiter, auch diejenigen im Back-office, sind in das Streben nach höherer Qualität einzubeziehen. Besonders in Großbanken mit einer kaum noch zu überbrückenden Distanz zwischen Leitungs- und Ausführungsebene ist die **Partizipation der Mitarbeiter** von großer Bedeutung. Zur Vermeidung von Widerständen müssen den Mitarbeitern die Ziele und Aufgaben des Qualitätsmanagements im Vorfeld verständlich gemacht werden (Schmid, 1992).

In der **Qualitätsplanung** müssen **Normen** gesetzt und auf der Basis der Unternehmensziele Qualitätsanforderungen festgelegt werden, denn die Mitarbeiter brauchen **Standards**, an denen sie sich orientieren können. Diese Standards sind ständig zu verbessern und den jeweiligen Rahmenbedingungen anzupassen. Insbesondere die **Beschreibung und Zuordnung von Zielgruppen** und die Festlegung von Schulungserfordernissen gehören in diesen Bereich (Drewes, 1993).

Qualitätsstandards

Um das Qualitätsverhalten der Mitarbeiter zu beeinflussen, sind im Rahmen der **Qualitätssteuerung** geeignete Maßnahmen zu treffen, die positive **Auswirkungen auf ihre Motivation** haben. Neben Anerkennung und Kritik bietet sich hier eine mehr erfolgsorientierte und an der Qualität der erstellten Leistung ausgerichtete Entlohnung an. Erfahrungen aus den USA und Japan zeigen, daß z. B. **Qualitätszirkel** positive Auswirkungen auf die Mitarbeitermotivation und -qualität haben. Sie tragen zu einer Intensivierung der abteilungs- und hierarchieübergreifenden Kommunikation bei und fördern bei den Mitarbeitern das **Denken in Gesamtzusammenhängen**.

Qualitätszirkel
(vgl. hierzu auch Seite 72)

Die **Bankenmitarbeiter** müssen selbst in der Lage sein, bestehende Qualitätsdefizite zu erkennen und zu reduzieren. Als „**Qualitätsverantwortliche**" müssen sie die Möglichkeit haben, aufgrund ihrer Kenntnisse und Erfahrungen die Arbeitsbedingungen selbst qualitätsgerecht zu gestalten. Die Themenauswahl der Qualitätszirkel ist daher auch von den beteiligten Mitarbeitern selbst zu treffen. Sie wissen am besten, welche Faktoren den Arbeitsablauf, den Verkaufserfolg und das Betriebsklima negativ beeinflussen.

Um der Gefahr des Scheiterns vorzubeugen, müssen neben den Mitarbeitern in erster Linie die **Führungskräfte** die **Bemühungen zur Qualitätssicherung unterstützen**. Sie sind gewissermaßen der „Motor" des Qualitätsmanagements, die Mitarbeiter die „tragenden Teile" (Adam/Meixner, 1990). **TQM** ist untrennbar mit einer umfangreichen **Mitarbeiterqualifizierung** verbunden. Die Mitarbeiter müssen bereit und in der Lage sein, Verantwortung zu übernehmen, die Führungskräfte, diese zu delegieren.

Qualitätssicherung als Führungsaufgabe

Die notwendigen Aufwendungen für die kontinuierliche Aus- und Weiterbildung der Mitarbeiter stellen Investitionen dar; denn sie sind die Voraussetzung für die angestrebte **Verbesserung der Beraterqualität**, die vom Leistungspotential jedes einzelnen Mitarbeiters abhängt (Brunner, 1993).

Während die Qualitätssicherung versucht, das Qualitätsverhalten der Mitarbeiter zu beeinflussen, dient die **Qualitätskontrolle** der Messung der erreichten Qualität.

Kundenbefragungen

Meßlatte für den Erfolg ist die Zufriedenheit der Kunden. Daher haben sich in der Bankpraxis mittlerweile **Kundenbefragungen als ein Mittel zur Qualitätsmessung** etabliert. Kundenerlebnisse sind qualitätsrelevant, wenn sie als besonders positiv oder besonders negativ wahrgenommen und beurteilt werden. Sie können bei entsprechend systematischer Auswertung Schwachpunkte der Leistungserstellung und **Ansatzpunkte für Qualitätsinnovationen** aufzeigen (Strauß/Hentschel, 1991).

Darüber hinaus sind die **Kundenerlebnisse** auch Inhalt der persönlichen Kommunikation zwischen Nachfragern und können so das Verhalten anderer (potentieller) Kunden beeinflussen. Vor diesem Hintergrund ist es daher angebracht, stets den **Dialog mit den Kunden** zu suchen und zu fördern. Unterstützend wirkt hierbei z. B. die **Einrichtung von Beschwerdetelefonen** (Schmid, 1992).

Dialog mit Kunden ist wichtig

Im Bankgeschäft ist der Aufbau und die Pflege eines **Vertrauensverhältnisses zum Kunden** von zentraler Bedeutung. Reklamationen von Kunden stellen Störungen dieses Vertrauensverhältnisses dar und sind demnach sehr ernst zu nehmen. Denn durch eine Beschwerde signalisieren die Kunden ihre Bereitschaft, die Geschäftsbeziehung zu ihrer Bank fortzusetzen. Unzufriedene Kunden brechen die Bankverbindung hingegen meist sofort ab.

Kundenabwanderungen können die **Gewinnentwicklung** erheblich beeinflussen. Je länger jedoch die Beziehung zum Kunden andauert, desto stärker steigen die Erträge aufgrund dieser Beziehung. Zusätzliche **Vorteile** einer **langfristigen Kundenverbindung** liegen in der **kostenlosen Werbung**, die zufriedene Kunden betreiben (Reichheld/Sasser, 1990), und der Tatsache, daß sich die **preispolitischen Spielräume** einer Bank **erweitern**, die im Vergleich zu ihren Konkurrenten Vorsprünge in der Service- und Beratungsqualität herausgearbeitet hat (Süchting, 1991).

Ziel: langfristige Kundenverbindung

Als erstes Kreditinstitut hat die **Deutsche Bank** die Notwendigkeit einer **Strukturreform** erkannt und Anfang der neunziger Jahre unter Mitwirkung der Unternehmensberatungsgesellschaften McKinsey und Roland Berger erfolgreich umgesetzt.

Im Hinblick auf mehr Marktorientierung und Spezialisierung sowie zur Reduktion bisheriger organisatorischer Probleme in Form unzureichender Kompetenzbündelung und Kollektivverantwortung wurde das lange Zeit praktizierte **Regionalprinzip** durch eine **Spartengliederung** nach Kunden und Produkten abgelöst.

Spartengliederung anstatt Regionalprinzip

Die folgende Graphik zeigt die neue Organisation der Bank:

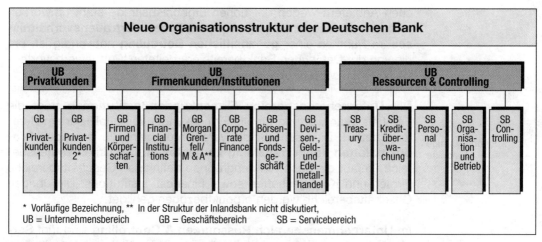

(Quelle: FORUM Mitarbeiter-Zeitschrift der Deutschen Bank, 1990)   *Abbildung 4*

Das Geschäft der Inlandsbank wurde in zwei Unternehmensbereichen (UB) zusammengefaßt, den **Unternehmensbereich Privatkunden** und den **Unternehmensbereich Firmenkunden/Institutionen**. Ein dritter Unternehmensbereich, der **Unternehmensbereich Ressourcen und Controlling**, übernimmt die Ressourcenbereitstellung und das Controlling für die Gesamtbank. Die **Unternehmensbereichsebene** ist keine zusätzliche Organisations- bzw. Entscheidungsebene. Hier erfolgt lediglich die **Koordination der Aktivitäten** und die **Strategieabstimmung** durch die jeweiligen Vorstände. Die Unternehmensbereiche Privat- und Firmenkunden verfügen als **teilautonome Unternehmenseinheiten** über eigenen Vertrieb und eigenes Marketing. Sie entscheiden daher auch eigenverantwortlich über geeignete Marktstrategien oder über die eventuelle Aufnahme neuer Geschäftszweige.

Teilautonome Unternehmenseinheiten

Innerhalb der Unternehmensbereiche wurden **Geschäfts-** bzw. **Servicebereiche** eingerichtet. Jedes Vorstandsmitglied übernimmt für jeweils einen Geschäftsbereich die Einzelverantwortung. Diese **Bereichsverantwortung** ist regionsübergreifend und von primärer Bedeutung für die Steuerung der Bank.

Der **Unternehmensbereich Privatkunden** gliedert sich in zwei nach Kundengruppen ausgerichtete Geschäftsbereiche. Während der eine zuständig ist für das Geschäft mit der überwiegenden Mehrzahl der Privatkunden und mit kleineren Firmen, betreut der Geschäftsbereich „Privates Anlagemanagement" gehobene Privatkunden, die über das Vermögensanlagepotential definiert werden (FORUM Deutsche Bank, 1991).

Diese Unterteilung des Unternehmensbereiches beruht auf der Erkenntnis, daß im zuletzt genannten Marktsegment, das von sämtlichen Anbietern wegen der hohen Ergebnisbeiträge stark umworben wird, der Aufbau eines **engen persönlichen Vertrauensverhältnisses** im Rahmen einer **ganzheitlichen Betreuung** notwendig ist, um die von der Deutschen Bank bereits erarbeiteten Wettbewerbsvorteile zu sichern bzw. auszubauen.

Der **Unternehmensbereich Firmenkunden/Institutionen** trägt die Ergebnisverantwortung für alle Firmenkunden mit qualifiziertem Beratungsbedarf. Dies schließt die Verpflichtung ein, die jeweiligen **Produktpaletten konkurrenzfähig zu gestalten**. Der Unternehmensbereich umfaßt die nach Kundengruppen definierten Geschäftsbereiche Firmen und Körperschaften sowie Financial Institutions. Die übrigen Geschäftsbereiche wurden produktbezogen gebildet.

Konkurrenzfähige Produkte

Im **Unternehmensbereich Ressourcen & Controlling** sind fünf **Servicebereiche** zusammengefaßt, die den Geschäftsbereichen die personellen und sachlichen Ressourcen zur Verfügung stellen. Im Hinblick auf eine **konzerneinheitliche Steuerung** wurden diese Servicebereiche nicht auf die Geschäftsbereiche aufgeteilt. Sie tragen im Gegensatz zu den ergebnisverantwortlichen Geschäftsbereichen eine **Serviceverantwortung** für die mengen- und qualitätsmäßige Erstellung von Dienstleistungen. So ermittelt z. B. der Servicebereich Controlling für die Geschäftsbereiche die zur Ergebnissteuerung notwendigen Daten. Die **Kosten** für die Servicebereiche sind voll **von den Geschäftsbereichen zu tragen**.

Im Sinne einer „**Senkung der Fertigungstiefe**" werden **Dienstleistungsfunktionen**, die von externen Anbietern preisgünstiger und kompetenter erbracht werden können, grundsätzlich **ausgelagert**. So wurde beispielsweise die gesamte Materialverwaltung auf die Bertelsmann Distribution GmbH übertragen. In strategisch wichtigen Bereichen werden die Serviceleistungen von der Deutschen Bank in eigenständige Unternehmen eingebracht. Ein Beispiel ist die DB Research Gesellschaft für Wirtschafts- und Finanzanalyse mbH, die sich aus der früheren Volkswirtschaftlichen Abteilung entwickelt hat und nun ihre Leistungen auch am freien Markt anbietet.

Outsourcing

Um den **Bedürfnissen der Kunden** noch stärker gerecht zu werden und das Geschäftsstellennetz wirksam zu ergänzen, wurde Mitte 1991 eine **Außendienstgesellschaft** gegründet, die die Hauptfilialen beim Aufbau eines Außendienstes für den Privatkundenbereich unterstützt. Im Auftrag der Filialen stehen freie Finanzberater, die allein erfolgsabhängig bezahlt werden, den Kunden außerhalb der üblichen Geschäftszeiten zur Verfügung. Aber auch verkaufsorientierten Mitarbeitern, denen eine abschlußorientierte Bezahlung eher entgegenkommt, steht der Weg in den Außendienst offen (FORUM Deutsche Bank, 1991).

1. Auf welchen zentralen Ideen basiert die geschäftsfeldorientierte Organisationsstruktur?

2. Welche Veränderungen der Aufbauorganisation sind notwendig, um die geschäftsfeldorientierte Organisationsstruktur zu implementieren?

3. Erläutern Sie am Beispiel der Deutschen Bank die Eckpfeiler der geschäftsfeldorientierten Organisationsstruktur.

4. Was versteht man unter Overhead-Funktionen, und wo bleiben diese in der geschäftsfeldorientierten Organisationsstruktur?

5. Was versteht man unter „Outsourcing"? Welche betriebswirtschaftlichen Überlegungen stehen dahinter?

6. Wodurch sind tayloristisch organisierte Arbeitsabläufe gekennzeichnet? Welche Probleme ergeben sich aus dieser Arbeitsorganisation?

7. Welche Probleme können sich aus einer geschäftsfeldorientierten Organisationsstruktur ergeben?

8. Was versteht man unter „Total Quality Management" (TQM)?

9. Welche Voraussetzungen müssen erfüllt sein, damit TQM-Konzepte in Kreditinstituten umgesetzt werden können?

10. Entwerfen Sie das Untersuchungsdesign für eine „Zufriedenheitsstudie" bei der Zielgruppe „Privatkunden".

1.4 Lean Banking:
Strategische Waffe oder Modetrend?

Orientierungsfall

Der Firmenkundenbetreuer Holger Friedrichs macht sich Sorgen um seine berufliche Zukunft bei der InvestBank. In einem Interview mit dem Vorstandsvorsitzenden seines Instituts in der „Handelszeitung" hat er gelesen, daß nun auch die InvestBank ein „Lean"-Konzept verwirklichen wolle. Eine revolutionierende Umorganisation der Gesamtbank sei geplant: Installierung einer Lean-Management-Struktur mit weniger Hierarchie-Ebenen, Delegation von Kosten- und Gewinnverantwortung an interdisziplinäre Teams, Gliederung nach Prozessen statt nach Funktionen, Segmentierung der Dienstleistungen nach Erträgen und Organisation des Vertriebs nach der „Markt-Center"-Methode. Holger Friedrichs hat natürlich schon von der neuen japanischen Managementvariante gehört, kann aber nicht glauben, daß sich nun auch der Vorstand seines Instituts diesem Modetrend anschließt.

Die **geschäftsfeldorientierte Organisation** führt also im Ergebnis zu einer „Senkung der Fertigungstiefe" (Outsourcing von Dienstleistungsfunktionen), einer Ausdünnung der Administration (flachere Hierarchien / weniger komplex) und zu einer Beschleunigung marktnaher Entscheidungsvorgänge (weniger Schnittstellen). Das Konzept wird daher auch mit der japanischen „Lean-Philosophie" verglichen oder gar gleichgesetzt. Von **„Lean Banking"** oder der „schlanken Bank" ist die Rede. In der Tat finden sich Konzeptbestandteile des Lean-Gedankengutes im geschäftsfeldorientierten Ansatz wieder.

Die „schlanke" Bank

Das Denken „von außen nach innen", also vom Kunden her, die Konzentration auf den Wertschöpfungsprozeß, Qualitätsmanagement, flache Hierarchiestrukturen, Teamzentrierung und der Perspektivenwechsel vom „Sach- zum Humanvermögen" als Eckpfeiler der japanischen Managementvariante bilden auch in der geschäftsfeldorientierten Strategie die gedankliche Basis.

„Lean Banking" wird in der Praxis leider oft verkürzt mit Kostensenkungs- und Rationalisierungsprogrammen in Verbindung gebracht und teilweise sogar synonym verwandt. Derart mißverstanden führt die Ankündigung von Lean Management zwangsläufig zu Widerständen und Akzeptanzproblemen bei Mitarbeitern und Führungskräften, die im neuen Konzept lediglich eine **Kriseninterventionsmaßnahme mit kurzfristigem Erfolg** sehen.

Lean Management kennzeichnet jedoch *„einen Paradigmenwechsel, einen fundamentalen Bruch mit unserem bisherigen Verständnis von Ablauforganisation: Lean Management substituiert Taylorismus. Es ist* *kein Rationalisierungs- und Kostensenkungsprinzip, sondern ein Führungs- und Organisationsprinzip. Lean Management legt den Fokus der Aufmerksamkeit auf die Nahtstellen der abteilungs- und bereichsübergreifenden Zusammenarbeit, also auf die Optimierung durchgehender Geschäftsprozesse." (Schrempp, 1992)*

Lean Management als Führungs- und Organisationsprinzip

Lean Banking erschöpft sich nicht in kostensparenden „Schlankheitskuren", sondern zielt auf eine **„Neueinstellung der Bewußtseinslage"** der Beschäftigten und auf eine Verbesserung der horizontalen und lateralen Kooperation im Bankbetrieb.

Vor dem Hintergrund der eingangs vorgetragenen Veränderungen im Umfeld der Banken, den Entwicklungslinien und Zukunftstrends, kann kein Zweifel daran bestehen, daß die von vielen Häusern inzwischen berücksichtigten Ansatzpunkte der **Lean-Philosophie** die **richtige strategische Anwort** auf die künftigen Herausforderungen darstellt.

Lean Banking als langfristige Strategie

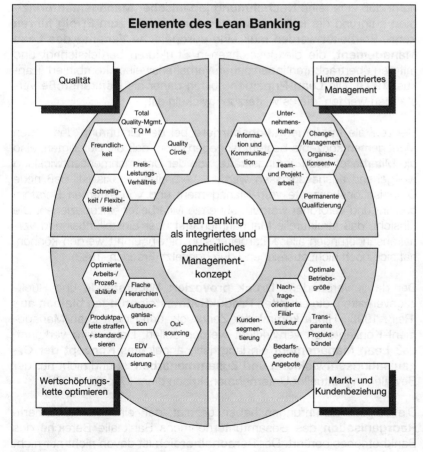

Elemente des Lean Banking

Qualität

Humanzentriertes Management

Total Quality-Mgmt. T Q M

Freundlichkeit

Quality Circle

Preis-Leistungs-Verhältnis

Schnelligkeit / Flexibilität

Unternehmenskultur

Informa-tion und Kommunikation

Change-Management

Organisationsentw.

Team- und Projektarbeit

Permanente Qualifizierung

Lean Banking als integriertes und ganzheitliches Management-konzept

Optimierte Arbeits-/ Prozeß-abläufe

Flache Hierarchien

Aufbauor-ganisation

Produktpa-lette straffen + standardi-sieren

Out-sourcing

EDV Automati-sierung

Optimale Betriebs-größe

Nach-frage-orientierte Filial-struktur

Kunden-segmen-tierung

Trans-parente Produkt-bündel

Bedarfs-gerechte Angebote

Wertschöpfungs-kette optimieren

Markt- und Kundenbeziehung

Abbildung 5

(Quelle: Große Peclum, 1994)

Kulturelle Unterschiede

Sicher können nicht alle Elemente der japanischen Managementvariante ohne weiteres auf europäische Verhältnisse übertragen werden. So ist beispielsweise die Gruppenarbeit in **Japan** von einer kollektivistischen kulturellen Grundorientierung beeinflußt. Die **Gruppe** ist **soziales Netz** und eine nicht zu unterschätzende **Sanktionsinstanz**. Die totale Identifikation mit der Gruppe fördert bei den Mitarbeitern ein starkes Wir-Gefühl im Unternehmen und führt zu einer Unterordnung des einzelnen im Gruppeninteresse. Diese Grundorientierungen begünstigen die Prinzipien schlanker Unternehmen erheblich.

Eine Gruppenintegration nach japanischem Muster ist mit Europäern vermutlich nicht zu erreichen. Der Versuch würde möglicherweise die vorhandenen Kreativitätspotentiale blockieren, die hierzulande eng mit individuellen Freiräumen verknüpft sind.

Weiterentwicklung der japanischen Prinzipien

Diese Einschränkungen können die Erfolge des japanischen Managementkonzepts keinesfalls schmälern. Sie sollen lediglich daran erinnern, daß eine reine **Nachahmung japanischer Managementprinzipien** aufgrund der kulturellen Unterschiede **nicht zum Erfolg führen kann**. Erarbeitet werden muß eine **europäische Variante des Lean Management**, die die gewachsenen Strukturen berücksichtigt und mit den übertragbaren japanischen Verhaltensweisen kombiniert (Pankus, 1993). Die **Lean-Prinzipen** sollten daher als **Denkanstöße** verstanden werden, die es weiterzuentwickeln gilt.

Implementationsbarrieren

Die zentrale **Implementationsbarriere** bei der Einführung des neuen Managementkonzepts besteht hingegen darin, daß die Beteiligten, also die Mitarbeiter und Führungskräfte, von der Unternehmensentwicklung weitgehend ausgeschlossen werden. Verbreitete Praxis ist, daß neue Organisationskonzepte vom Management und von externen Beratern geplant und verordnet werden, ohne die Mitarbeiter einzubeziehen. Die Einsicht, daß strukturelle Maßnahmen erst über Einstellungs- und Verhaltensänderungen aller Mitarbeiter sinnvoll eingeführt werden können, hat sich noch nicht ausreichend durchgesetzt (Fredrich, 1993).

Widerstände

Der damit verbundene **Druck provoziert Widerstände** und Rückzugsverhalten, die erhofften **Produktivitätssteigerungen bleiben aus** (Reiß, 1993). Hinzu kommt der Zeitdruck, unter dem Lean-Management-Konzepte oft verwirklicht werden sollen. Dabei wird verkannt, daß **Lean Management** ein langfristig angelegtes **Konzept der Organisationsentwicklung und Zusammenarbeit** ist und nicht nur der Bewältigung aktueller Unternehmenskrisen dient (Deppe, 1993).

Personalbereich spielt wichtige Rolle

Die obigen Ausführungen haben gezeigt, daß eine marktorientierte **Reorganisation** des Gesamtunternehmens Bank alle Bereiche des Bankbetriebes berührt. Der **Personalbereich** ist davon nicht nur nicht ausgenommen, sondern spielt bei der Realisierung der neuen Managementkonzepte eine **zentrale Rolle**.

Die verstärkte **Marktzentrierung** – wie am Beispiel der Deutschen Bank gezeigt – hat erhebliche **Konsequenzen für die Anforderungen**, die an die Mitarbeiter gestellt werden. Diese liegen nur sekundär in den geänderten Abläufen, primär hingegen in der notwendigen neuen Einstellung des einzelnen zu seiner Arbeit und zur Bank, zu seiner persönlichen Rolle in der Organisation.

Als **Implementationsbarriere** bei der Einführung marktzentrierter Organisationskonzepte hat sich in der Praxis vor allem die **Bereitschaft von Mitarbeiter und Führungskräften** erwiesen, **das neue Managementkonzept anzunehmen** und aktiv mitzugestalten. Widerstände resultieren aus Ressort- und Bereichsegoismen, vor allem aber aus einer **Verunsicherung der Mitarbeiter** durch mangelhafte Information über und der Beteiligung an den eingeleiteten Strukturveränderungen. Ohne die aktive Unterstützung der Mitarbeiter und Führungskräfte vor Ort lassen sich die neuen Strategien jedoch nicht realisieren. Die Mitarbeiter müssen die angestrebten Veränderungen kennen, verstehen, sie auch akzeptieren und sich mit ihnen identifizieren.

Mitarbeiter müssen neue Konzepte annehmen

Alle Maßnahmen der Reorganisation müssen an den Bedürfnissen der Mitarbeiter, der Arbeitsgruppen und der Gesamtorganisation orientiert und zu einem ganzheitlichen Veränderungskonzept zusammengeführt werden. Der **Ansatz der Organisationsentwicklung** hilft, diese anspruchsvolle Aufgabe zu realisieren.

---

1. Wodurch unterscheidet sich Lean Banking von reinen Kostensenkungsprogrammen?

2. Erläutern Sie die Aussage „Lean Banking substituiert Taylorismus".

3. Welche Verbindungen bestehen zwischen Lean Banking und geschäftsfeldorientierter Organisationsstruktur?

4. Woran können Lean-Konzepte scheitern?

Arbeitsaufgaben

2 Organisationsentwicklung

2.1 Organisationsentwicklung (OE) versus traditionelle Organisationsplanung und Managemenentwicklung

Orientierungsfall

Die Geschäftsleitung der Europabank hat beschlossen, die Geschäftsstellenstruktur im Privatkundengeschäft zu verändern. Nachdem man im vergangenen Jahr ein Beratungsunternehmen mit der Erstellung eines Gutachtens beauftragt hatte, will man nun keine Zeit mehr verlieren und an die Umsetzung des vorgeschlagenen Konzeptes gehen, denn, so der Vorstandsvorsitzende, „die Konkurrenz sei bereits einen gehörigen Schritt voraus".

Als der Privatkundenberater Klaus Bresser nach einem vierwöchigen Australienurlaub erholt und voller Tatendrang die Geschäftsräume seiner Filiale betritt, muß er überrascht feststellen, daß sein Arbeitsplatz von Mitarbeitern der Kreditabteilung „okkupiert" worden ist. Auf Nachfrage teilt man ihm mit, die Schreibtische aller Berater ständen jetzt in der Kassenhalle, um mehr Kundennähe zu demonstrieren. Klaus Bresser fehlen die Worte.

Bei dem Versuch der Reorganisation des Bankbetriebes müssen **zwei Kernfragen** beantwortet werden:

(1) Auf welche **Veränderungssignale** muß die Bankorganisation reagieren (können)?

(2) Wie, d. h. in welcher Form, muß der notwendige **Veränderungsprozeß** gestaltet werden?

Veränderungssignale müssen aus drei Bereichen wahrgenommen und verarbeitet werden:

1. Umwelt
2. Organisationsstrukturen
3. Verhalten der Organisationsmitglieder

Um ihre **Überlebensfähigkeit** zu sichern, müssen sich die Banken, wie im ersten Kapitel dargestellt, einer rasanten **Umweltdynamik** stellen, der sie nur durch eine **optimale Form der Zusammenarbeit** aller in der Organisation tätigen Menschen erfolgreich begegnen können.

Dies setzt voraus, daß die **Bankorganisation** künftig als **offenes und lebendiges System** begriffen und entworfen wird, das in bezug auf die dynamische Entwicklung anpassungs- und wandlungsfähig ist.

Die Praxis zeigt, daß die **Organisation** vieler Häuser den Anforderungen sich verändernder Märkte, Technologien und Bedürfnisse der Mitarbeiter noch nicht ausreichend gerecht wird. Die Leistungsfähigkeit der Organisation und die Lebensqualität der in ihr tätigen Mitarbeiter ist durch **bürokratische Strukturen** in Frage gestellt:

> – starre Dienstwege und Dienstvorschriften,
> – festgeschriebene Machtverhältnisse,
> – autoritärer Führungsstil,
> – hierarchisches Denken („Denken in Kästchen"),
> – Zentralisation der Führungsaufgaben,
> – geringe Entscheidungsbefugnis der Mitarbeiter,
> – übertriebene Arbeitsteilung.

Folgen bürokratischer Strukturen

Derartige Strukturen können die Effizienz der Organisation als Ganzes erheblich beeinträchtigen. Mögliche **Folgen** sind:

> – unzureichende Identifikation der Mitarbeiter mit den Zielen der Bank,
> – mangelhafte Information der Mitarbeiter,
> – Machtkämpfe und andere Konflikte,
> – Betriebsblindheit,
> – Handlungsstarrheit,
> – Verantwortungsscheu,
> – Reibungsverluste kostbarer Arbeitskraft,
> – unangemessenes Führungsverhalten.

Hinzu kommt ein **fataler Wirkungsmechanismus der bürokratischen Organisation**: Normen wie Autorität und Arbeitsteilung führen zu einer **Verhaltensanpassung der Mitarbeiter** an das bestehende System. Denn Konformismus wird belohnt, die für eine konstruktive Konfliktlösung dringend notwendigen Verhaltensweisen wie Offenheit, Kreativität und Individualität werden bestraft (Becker/Langosch, 1990).

Bedürfnisse der Mitarbeiter müssen im Mittelpunkt stehen

Seit den Studien von Maslow, Herzberg und McGregor ist bekannt, daß nur durch die **Berücksichtigung der individuellen Bedürfnisse von Mitarbeitern** Leistungsmotivation und Arbeitszufriedenheit gesteigert werden können. Werden die Bedürfnisse der Organisationsmitglieder übergangen, ist der Weg in die **„innere Kündigung"**

(Distanzierung vom Unternehmen) über die Stationen Frustration, Demotivation, Resignation und Depression vorgezeichnet.

Im **Bankalltag** sind bei vielen Mitarbeitern in der Tat schwindendes Engagement, Konformismus und Flucht in Routine zu beobachten. Hinzu kommt die mangelnde Bereitschaft zu Kooperation und vertrauensvoller Zusammenarbeit. Dieses Verhalten der Organisationsmitglieder ist Ergebnis eines Entwicklungs- bzw. Lernprozesses. **Konkurrenzdenken** und **Existenzangst** sind begründend dafür, daß sich viele Mitarbeiter dysfunktional verhalten. Die bürokratische Bankorganisation hat diese Reaktionen hervorgebracht und verstärkt sie tendenziell.

Die **Bankorganisation** als Ganzes muß sich den schnell wechselnden Bedingungen der Märkte anpassen. Der dabei entstehende **Problemdruck wird über bürokratische Strukturen an die Mitarbeiter weitergegeben**, die – in gedanklicher Fortführung – eigene Strategien zur Sicherung ihrer persönlichen Existenz entwickeln (müssen).

Die aufgebrachten Energien werden damit zu einem großen Teil für die Bewältigung interner Veränderungen eingesetzt. Externe Probleme werden so nur unzureichend bewältigt.

Bisher haben die Banken auf Veränderungen in den genannten Bereichen überwiegend mit **zwei Strategien** reagiert.

Ohne die organisatorischen Strukturen zu berücksichtigen wurde versucht, durch **Aus- und Fortbildung** ausgewählter Mitarbeiter und Führungskräfte (Schlüsselpersonen) eine Anpassung an veränderte Rahmenbedingungen zu erreichen. Mitarbeiter aus verschiedenen organisatorischen Einheiten der Bank, natürlich hierarchisch sortiert, wurden in der keimfreien Atmosphäre eines **Bildungsinsituts** oder in bankeigenen **Schulungszentren** mit theoretischem Wissensstoff bombardiert. **Ergebnis** ist *„die heute zunehmend erkannte Transferproblematik traditioneller Seminarveranstaltungen und damit die fragwürdige Effektivität herkömmlicher Weiterbildungskonzeptionen"* *(Lauterburg, 1980; Hervorhebung von Grote).*

Probleme der Personalentwicklung

Eine andere Strategie ist die **Organisationsplanung**. Ohne die Einstellungen und Verhaltensweisen der betroffenen Mitarbeiter zu berücksichtigen wurden **Veränderungen von Strukturen und Abläufen** vorgenommen. Die Ergebnisse sind ebenfalls nur zu gut bekannt. *„Problemlösungen, die von Organisationsspezialisten ausgeheckt und vom Management verordnet werden, erweisen sich allzuoft als Schlag ins Wasser. Sie werden von den Mitarbeitern ganz einfach unterlaufen."* Reorganisationen dieser Art schaffen oft mehr neue Probleme als alte gelöst werden (Lauterburg, 1980).

Probleme der Organisationsentwicklung

Managemententwicklung und **Organisationsplanung** haben sich im Bankalltag als nur begrenzt taugliche Ansätze zur marktorientierten Reorganisation erwiesen. Der **Ansatz der Organisationsentwicklung** findet daher seit einigen Jahren wachsende Beachtung.

Das Verfahren verspricht, das bisher zentrale Problem des **„Dilemmas der Humanisierung"** (Kern, 1979) und das lange Zeit vermeintlich unvereinbar scheinende Verhältnis von **„Produktivität und Menschlichkeit"** zu lösen (Becker/Langosch, 1990).

Begriff Organisations-
entwicklung (OE)

Der Begriff **„Organisationsentwicklung"** (OE) ist in der betriebswirtschaftlichen Fachliteratur und in der Bankpraxis inzwischen fast schon ein **Modewort**. Aus dem englischen **„organization development"** (OD) abgeleitet, bezeichnet der Ansatz den Versuch, Organisationen durch **ständige Fort- und Weiterentwicklung** an sich verändernde Umweltbedingungen anzupassen. Mit Organisationsentwicklung ist nicht die Veränderung im Sinne der traditionellen betriebswirtschaftlichen Organisationslehre gemeint.

> Organisationsentwicklung versucht, strukturelle, technologische und humanistische Aspekte in einem **ganzheitlichen Veränderungsansatz** zu berücksichtigen. Organisationsentwicklung bezieht die **Wechselwirkungen** zwischen Individuen, Gruppen, Organisationsstrukturen, Technologien, Umwelt und Zeit sowie Kommunikationsmuster, Wertestrukturen und Machtkonstellationen, die in einem Unternehmen existieren, in die Betrachtung ein.

Organisationsentwicklung ist also nicht nur ein **Transformationsprozeß** von einem Zustand in einen anderen, sondern ein **qualitativer Entwicklungsprozeß**.

Eine präzise, eindeutige und abschließende **Definition des Begriffes Organisationsentwicklung** sucht man in der Literatur vergebens. Eine umfangreiche, dafür aber umfassende Definition liefert Lauterburg (1980):

Definition Organisa-
tionsentwicklung

> Organisationsentwicklung ist ein **sozialwissenschaftlich fundierter Ansatz**, der mit Methoden der **Kommunikation**, der **Arbeitsorganisation** und des **Trainings** versucht, gemeinsam mit den betroffenen Mitarbeitern Ursachen vorhandener **Schwierigkeiten** im Unternehmen zu erforschen und neue (bessere) **Formen der Zusammenarbeit** zu entwickeln. Organisationsentwicklung ist teamorientiertes On-the-job-Training in Zusammenarbeit und Problemlösung.

Die folgende Übersicht stellt die üblichen Formen der Managemententwicklung und der traditionellen Organisationsplanung dem Ansatz
der Organisationsentwicklung gegenüber:

Kriterien der Organisationsentwicklung zur Differentialdiagnose zwischen Organisationsentwicklung, Managemententwicklung und Organisationsplanung		
	Organisationsentwicklung (OE)	*Übliche Formen der Management-Entwicklung*	*Traditionelle Organisationsplanung*
Wer	organisatorische „Familien" – natürliche organisatorische Einheiten – Gruppen/Abteilungen/Betriebe	eine bunt zusammengewürfelte Schar von Teilnehmern, die sonst wenig oder gar nichts miteinander zu tun haben	eine Beratungsfirma, die Geschäftsleitung, die zentrale Stabsstelle für Organisation (oder eine daraus zusammengesetzte „Mafia")
Was	konkrete Probleme der täglichen Zusammenarbeit und der gemeinsamen Zukunft – Sachprobleme und Kommunikationsprobleme – interne und externe (Umwelt-)Beziehungen	theoretischer Wissensstoff	organisatorische Strukturen und Abläufe
Wie	offene Information und aktive Beteiligung der Betroffenen – Kommunikation in und zwischen Gruppen – direkte Mitwirkung, Partnerschaft	vorgegebener Lehrplan, Fachlektionen, Fallstudien, Sandkastenspiele	Eingriffe von oben aufgrund einsamer Entscheidungen (hierarchische Macht) und/oder bilateraler Absprachen (Manipulation)
Wann	fortlaufend, regelmäßig – kontinuierlicher Prozeß – rollende Planung	punktuelle „Ein-für-alle-mal"-Veranstaltungen oder kurz befristete Lernprozesse mit minimalen oder gar keinen Transferchancen	plötzliche, unvorhersehbare und in den Kausalzusammenhängen undurchschaubare Einzelmaßnahmen und „Hauruck"-Aktionen
Wo	Arbeitsplatz, Betrieb – On-the-Job-Training in Problemlösung – integrierter Bestandteil der täglichen Arbeit	in der keimfreien Atmosphäre eines Bildungsinstituts, eines Hotels oder allenfalls eines internen Schulungsraums	im stillen Kämmerlein von Chefetagen und an den Schreibtischen interner und externer Experten
Warum	Leistungsfähigkeit der Organisation (Produktivität) und Qualität des Arbeitslebens (Humanität) – Motivation/Kooperation/Flexibilität – Selbständigkeit/Beteiligung/Wachstum	Aufbau von Wissen und Fertigkeiten bei ausgewählten Einzelindividuen (ohne Berücksichtigung der gegebenen organisatorischen Strukturen und Abläufe)	Steigerung der Effizienz der Organisation (ohne Berücksichtigung der Bedürfnisse, Einstellungen und Verhaltensweisen der Menschen)

(Quelle: Lauterburg, 1980)   *Abbildung 6*

Diese Darstellung stellt die typischen **Merkmale des OE-Ansatzes**
deutlich heraus:

Merkmale der
Organisations-
entwicklung
(OE)

● **Träger von OE-Prozessen** sind organisatorische Einheiten („Fami-
lien"), also z. B. alle Mitarbeiter der Privatkundenabteilung einer
Bank.

- **Inhalte der OE-Aktivitäten** sind konkrete Probleme der täglichen Zusammenarbeit. Sach- und Beziehungsprobleme haben den gleichen Stellenwert.

- **Betroffene werden zu Beteiligten**, d. h. die Mitarbeiter werden in alle Phasen der Organisationsentwicklung einbezogen.

- Organisationsentwicklung wird als **kontinuierlicher Prozeß** begriffen.

- Organisationsentwicklung findet **unmittelbar am Arbeitsplatz** in der Bank statt.

- **Ziel der Organisationsentwicklung** ist es, die Leistungsfähigkeit der Organisation und die Qualität des Arbeitslebens, d. h. Produktivität und Humanität gleichermaßen, zu verbessern.

Arbeitsaufgaben

1. Wodurch lassen sich „typische" bürokratische Organisationsstrukturen kennzeichnen? Welche Auswirkungen haben diese auf die Mitarbeiter?

2. Wodurch unterscheidet sich im Kern der Ansatz der Organisationsentwicklung von der traditionellen Organisationsplanung und Managemententwicklung?

3. Warum sind die traditionellen Ansätze zur Organisationsplanung im Bankensektor heute überholt?

2.2 Philosophie der Organisationsentwicklung

Das Konzept der Organisationsentwicklung basiert auf den folgenden **Grundüberzeugungen**:

- *„Die Einstellungen und **Verhaltensweisen** des menschlichen Individuums sind nicht nur durch seine **Erbanlagen**, sondern auch – und in wesentlich stärkerem Maße als früher angenommen – durch **Einflüsse** seiner **Umwelt**, das heißt seine frühere und aktuelle Lebens- und Arbeitssituation bedingt.*

  Grundüberzeugungen

- *Praktisch jeder Mensch besitzt ein nicht vorhersehbares persönliches **Entwicklungspotential** und kann unter geeigneten organisatorischen und sozialen Voraussetzungen nicht nur Wissen und Fertigkeiten, sondern auch emotionale Bedürfnisse und Einstellungen, soziale Verhaltensweisen und persönliche Wertvorstellungen lernen und verlernen.*

- *Der Mensch lernt und entwickelt sich am leichtesten durch **praktische Erfahrung** am eigenen Leib, im direkten Kontakt mit anderen Menschen und in der direkten Auseinandersetzung mit konkreten Problemen, von denen er selbst in irgendeiner Weise betroffen ist."* *(Lauterburg, 1980; Hervorhebungen von Grote)*

Folgende sechs **Basis-Prinzipien** charakterisieren die Philosophie der Organisationsentwicklung:

(1) Anwendung sozialwissenschaftlicher Erkenntnisse

*„In Abgrenzung zum **instrumentalen Organisationsbegriff der Betriebswirtschaft** versteht sich Organisationsentwicklung im institutionalen Sinne als Wissens-, Einstellungs- und Verhaltensbeeinflussung bei einer möglichst großen Anzahl von Organisationsmitgliedern bzw. bei Schlüsselpersonen. Das heißt, Organisationsentwicklung ist auf das Individuum bezogen und damit eine **verhaltenswissenschaftliche Konzeption**."* *(Comelli, 1993; Hervorhebungen von Grote)*

Verhaltenswissenschaftlicher Ansatz

Im **Mittelpunkt der Betrachtung** organisatorischer Veränderungen stehen also nicht betriebswirtschaftliche Aspekte, sondern die Verhaltensweisen, Einstellungen und Erlebnisse der in einer Organisation tätigen **Menschen und Gruppen**.

Der Mensch steht im Mittelpunkt

Das nachfolgende Schaubild verdeutlicht in der Gegenüberstellung beider Ansätze die **divergierenden Entwicklungsansätze**:

Organisationsplanung und Organisationsentwicklung im Vergleich	
Organisationsplanung	**Organisationsentwicklung**
• Instrumentaler Organisationsbegriff	• institutionaler Organisationsbegriff
• auf die **Organisationsstruktur** von Betrieben und Betriebsteilen bezogen	• auf das **Individuum** (Organisationsmitglied) bezogen
• primär **betriebswirtschaftlicher** Ansatz	• **verhaltenstheoretischer** (organisationspsychologischer, -soziologischer) Ansatz
Gedankliche Vorwegnahme und rationale Konzipierung von betrieblichen Verhaltens- und Funktionsregelungen, die für einen längeren Zeitraum gültig sein sollen.	Wissens-, Einstellungs- und Verhaltensbeeinflussung bei einer möglichst großen Anzahl von Organisationsmitgliedern beziehungsweise bei Schlüsselpersonen.

Abbildung 7

(Quelle: Comelli, 1985)

Es ist daher naheliegend, daß sich Organisationsentwicklung bei der Analyse, Gestaltung und Betreuung der Entwicklungs- und Veränderungsprozesse gesicherter Erkenntnisse und **Methoden der Sozialwissenschaften** (Psychologie, Soziologie) bedient. Sozialwissenschaftliche Erkenntnisse können hilfreiche Anregungen und Empfehlungen zu den verschiedensten Problembereichen, z. B. Kommunikation, Motivation, Konfliktbewältigung und Zusammenarbeit, liefern.

(2) Humanistisches Menschenbild

Menschenbild als Grundlage

Organisationskonzepte haben nur auf den ersten Blick mit **psychologischen Fragen** nichts zu tun. *„Bedenkt man jedoch, daß derartige Konzepte die Aufgabe haben, die Tätigkeiten der Organisationsmitglieder in spezialisierter Weise festzulegen und zugleich auf ein gemeinsames Ziel hin zu koordinieren, so ist unverkennbar, daß hinter den Organisationskonzepten implizit oder explizit ein bestimmtes **Menschenbild** steht."* (v. Rosenstiel, 1975; Hervorhebungen von Grote)

Das **Menschenbild**, an dem Mitarbeiter und Führungskräfte ihre Handlungen orientieren, **prägt** nicht nur die Art und Weise, wie Menschen in einer Organisation miteinander umgehen, sondern auch die **Strukturen**.

Humanistisches Menschenbild

Dem **Konzept der Organisationsentwicklung** liegt das Menschenbild der „**Humanistischen Psychologie**" zugrunde. Es basiert auf der Überzeugung, daß jeder Mensch von Natur aus „gut" ist und nach „**Selbstaktualisierung**" (Rogers) und „**Selbstverwirklichung**" (Maslow) strebt. Das „Böse" wird als reaktive Notlösung des Menschen auf eine behindernde Umwelt aufgefaßt. Der Organisationspsychologe **McGregor** hat in seiner **Theorie Y** dieses Menschenbild auf das Verhalten von Mitarbeitern im Unternehmen bezogen. Er schreibt:

„Dem Durchschnittsmenschen ist Arbeitsscheu (das „Böse", Anm. d. Verf.) nicht angeboren. Kontrolle und Sanktionen durch Vorgesetzte sind nicht das einzige Mittel, jemanden zu bewegen, sich für die Ziele des Unternehmens einzusetzen. Flucht vor Verantwortung, Mangel an Ehrgeiz und Drang nach Sicherheit sind im allgemeinen Folgen schlechter Erfahrungen (reaktive Notlösungen, Anm. d. Verf.)*, nicht angeborene menschliche Eigenschaften. Leute, die von der Möglichkeit ausgeschlossen sind, bei ihrer Arbeit die Bedürfnisse zu befriedigen, die in ihnen wach sind, verhalten sich genauso, wie wir es wohl voraussagen möchten: in Trägheit, Passivität, Verantwortungsscheu; sie sträuben sich geradezu gegen Veränderungen, sind anfällig für Demagogen und stellen geradezu absurde Ansprüche nach ökonomischen Vorteilen.*
Umgekehrt erreichen die Vorgesetzten, die ihre Mitarbeiter als grundsätzlich kreativ und selbstverantwortlich betrachten, daß sich diese in ihrer Arbeit engagieren, ihre Fähigkeiten einsetzen und daß im Ergebnis sowohl die Leistung als auch die Zufriedenheit steigt."
(McGregor, 1960)

Organisationsentwicklung strebt eine **humanistische Organisation** an, in der der Mensch seine Bedürfnisse nach Schutz, Vorsorge, Angstfreiheit, nach sozialen Kontakten sowie nach Anerkennung, Status und Achtung in der Arbeit befriedigen kann. Die Strukturen der Organisation sollen dazu beitragen, den **Mitarbeiter** zur **Entfaltung** und **persönlichen Entwicklung** herauszufordern.

(3) Betroffene zu Beteiligten machen

Im Sinne des zweiten Prinzips ist eine weitere, wichtige Forderung der Organisationsentwicklung die aktive **Partizipation der betroffenen Mitglieder** einer Organisation an den angestrebten Veränderungen.

Partizipation aller Betroffenen

Die Mitarbeiter sollen durch **Aufklärung von Schwachstellen** als Problemlöser fungieren und über aktive **Mitgestaltungsmöglichkeiten** zu einer höheren Identifikation mit ihrer Arbeit gelangen. Wenn allerdings die Beteiligung der Mitarbeiter nur genutzt wird, um bereits gefällte Entscheidungen der Führungsspitze umsetzbar zu machen, ist die Verbindung zur Organisationsentwicklung nicht mehr vorhanden.

(4) Lernen durch Erfahrung

Organisationsentwicklung bevorzugt **erfahrungsorientiertes Lernen**, nicht nur weil es eine starke Individualisierung bedeutet und Schwierigkeiten „am eigenen Leib" erfahrbar macht, sondern auch, weil es **Akzeptanzbarrieren** gegenüber fremdbestimmtem Lernen **abbauen** hilft. Menschen, die aus Erfahrung lernen, lernen etwas zu tun, indem sie es tun.

Erfahrungslernen

Diese **ganzheitliche Form des Lernens** bezieht den Menschen kogni-
tiv, emotional und aktional in die zu verändernde Situation ein. Erfahrungsorientiertes Lernen bedeutet, daß sich die Mitarbeiter konstruktiv mit ihrer Arbeitsumwelt auseinandersetzen und **selbständig Problemlösungen entwickeln**.

„Erfahrungslernen" berücksichtigt auch die **Wechselwirkungen zwischen Verhältnissen und Verhalten**. Verhältnisse prägen Verhalten,
umgekehrt kann geändertes Verhalten Auswirkungen auf die Verhältnisse haben (Comelli, 1993).

(5) Prozeßorientiertes Vorgehen

Organisationsentwicklung betont den Prozeß. Konsequent „am Ball
bleiben" ist die Devise. Problemlösungsprozesse sind laufend zu
überwachen, zu koordinieren und regelmäßig auf ihren Fortschritt hin
zu kontrollieren (Lauterburg, 1980). Der **Ablauf eines OE-Prozesses**
entspricht der klassischen **Problemlösesystematik**.

Problemlösungsmodell   Ein **idealtypisches Modell der Problemlösung**, das neben der klassischen Prozeßfolge auch den **Menschen als informationsverarbei-
tendes System** berücksichtigt, zeigt Abbildung 8. Das Modell enthält
sechs verschiedene **Prozeßschritte**, die ein flexibles System einzelner Bausteine (Module) bilden.

Problemlösungsprozeß   Der **Problemlösungsprozeß** umfaßt folgende, ineinander verschränkte
Teilprozesse:

● Problemwahrnehmung und Problemformulierung

Der Problemwahrnehmung, der ein **Problembewußtsein** der beteiligten Mitarbeiter zugrundeliegen muß, kommt eine wichtige Bedeutung
zu. **Symptome** sind von den eigentlichen Problemen zu unterscheiden; denn die Problemformulierung hat entscheidenden Einfluß auf
die Richtung und Qualität des Problemlösungsprozesses.

● Suche nach Handlungsalternativen

Die an der Problemlösung beteiligten Mitarbeiter müssen möglichst
viele **Handlungsalternativen** zusammenstellen – vorurteilsfrei, d. h.
ohne „Schere im Kopf". Die möglichen Wirkungen der einzelnen Alternativen müssen abgeschätzt werden.

● Bewertung der Alternativen

Alle gefundenen Alternativen sind anhand eines einheitlichen **Bewer-
tungsschemas** auf ihren **Zielerfüllungsgrad** hin zu bewerten.

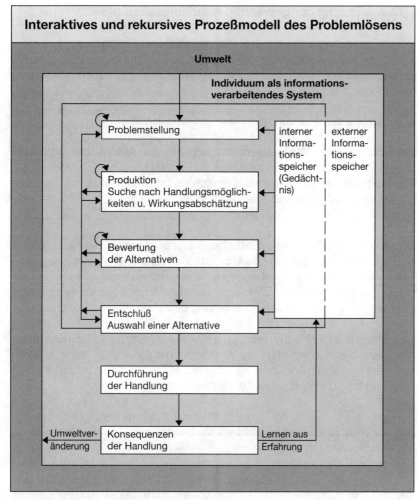

Interaktives und rekursives Prozeßmodell des Problemlösens

Umwelt

Individuum als informations-
verarbeitendes System

Problemstellung

Produktion
Suche nach Handlungsmöglichkeiten u. Wirkungsabschätzung

Bewertung
der Alternativen

Entschluß
Auswahl einer Alternative

Durchführung
der Handlung

Umweltver-
änderung

Konsequenzen
der Handlung

Lernen aus
Erfahrung

interner
Informa-
tions-
speicher
(Gedächt-
nis)

externer
Informa-
tions-
speicher

Abbildung 8

(Quelle: Brander/Kompa/Peltzer, 1989)

● **Auswahl einer Alternative**

Die Auswahl eines Lösungsweges bzw. einer Lösung fordert die **Entscheidung** für die am besten bewertete Alternative. Die beteiligten Mitarbeiter müssen dies in dem Bewußtsein tun, daß wahrscheinlich **keine Lösung nur Vorteile** in sich vereint. Sie müssen sich daher für die **Alternative** entscheiden, die die **Vorteile maximiert** und die **Nachteile minimiert**, also einen **Kompromiß** schließen. Die Qualität der Entscheidung ist in hohem Maße abhängig von der Qualität der Beziehung, die die Mitarbeiter untereinander haben.

Kompromisse sind
notwendig

● Durchführung der gewählten Handlungsalternative

Durchführen heißt realisieren des gewählten Lösungsweges. Dabei sind zwei aufeinanderfolgende Schritte zu unterscheiden: die rein gedankliche Durchführung (das Planen) und die nach außen sichtbaren Aktivitäten.

● Kontrolle der Handlungen und der Ergebnisse

Soll-Ist-Abweichung

Die Kontrolle der **Wirkungen der ergriffenen Aktivitäten** gibt Aufschluß darüber, inwieweit das Problem tatsächlich gelöst worden ist. **Kontrolle** ist der **Vergleich** des erreichten **Ist-Zustandes** mit dem angestrebten **Soll-Zustand**, also eine Hilfe, eine Übereinstimmung zwischen Gewolltem und der Realität zu erreichen.

Die **Pfeile innerhalb des Entscheidungsprozesses** deuten an, daß eine wiederholte, **iterative Bearbeitung einzelner Denkprozesse** sowie ein Zurückspringen auf vorhergehende Schritte möglich ist. Je weniger Informationen über Ziele und Mittel anfangs bekannt sind, desto öfter wird eine wiederholte Bearbeitung einzelner Phasen nötig sein.

Das **Modell ist rekursiv**, weil sich der Gesamtprozeß aus **mehreren Modulen** zusammensetzt, die wiederum die gleiche Struktur aufweisen wie der Gesamtprozeß. So müssen auf jeder Stufe Informationen verarbeitet und Entscheidungen getroffen werden.

Schließlich ist das Modell als ein **offenes System** konzipiert, das mit der **Umwelt** in einer **interaktiven Verbindung** steht. Eine Interaktion offener Systeme bedingt immer eine **gegenseitige Beeinflussung**. Das System des Problemlösungsprozesses reagiert auf Gegebenheiten der Umwelt und verändert diese gleichzeitig. Die **Umweltveränderung**, als Konsequenz durchgeführter Handlungen, beeinflußt als **gelernte Erfahrung** zukünftige Entscheidungsprozesse.

(6) Systemisches Denken

Wechselwirkung der Systeme

Der Konzeption des Problemlösungsprozesses korrespondiert als letztes Charakteristikum des OE-Ansatzes das **systemumfassende Denken**. Einzelne organisatorische Einheiten (Gruppen, Abteilungen) sind keine „Inseln im unternehmerischen Ozean", sondern repräsentieren dynamische, sich entwickelnde **Subsysteme**, die mit anderen Subsystemen in **Wechselwirkung** stehen. Die **Organisation** und ihre **Subsysteme interagieren mit der Umwelt**, mit der Gesellschaft, d. h. sie beeinflussen und werden beeinflußt.

„Mit ihren Maßnahmen, Entscheidungen, Produkten bzw. ihren Dienstleistungen wirken sie nach draußen, und das, was draußen passiert (z. B. Änderungen von Werten und Einstellungen bei den Menschen, gesetz-

liche Bestimmungen, politische Veränderungen etc.) ‚bleibt nicht beim Pförtner hängen‘, sondern greift wiederum in die Organisation ein oder wird durch Organisationsmitglieder hineingetragen." (Comelli, 1993)

Während **traditionelle** betriebswirtschaftliche **Ansätze** bei der Betrachtung von Organisationen **logische, monokausale Denkmuster** bevorzugen und bei Problemen in der Organisation vorwiegend **lineare Ursache-Wirkungszusammenhänge** herstellen („Denken in Strukturen"), versucht die Organisationsentwicklung, durch eine **ganzheitliche, systemische Betrachtungsweise** neben den Strukturen auch die Wechselwirkungen in der **Kommunikation der Subsysteme** untereinander und die daraus folgenden Entwicklungs- und **Veränderungsprozesse** („Denken in Prozessen") zu berücksichtigen.

Ganzheitliche
Betrachtungsweise

Die folgende Abbildung zeigt die zentralen **Subsysteme einer Organisation**, die im Rahmen ihrer **Wechselwirkungsprozesse** durch OE-Maßnahmen beeinflußt werden können:

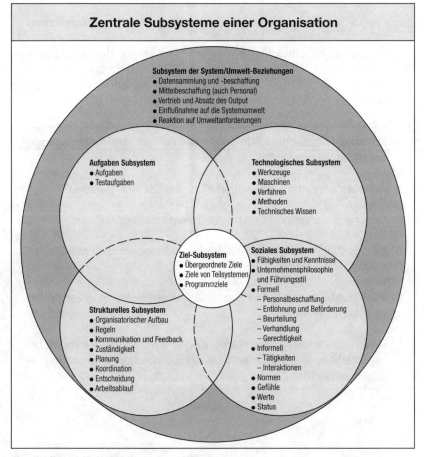

(Quelle: French/Bell, 1990)

Abbildung 9

Verschiedene
Subsysteme

Das **soziale Subsystem** einer Organisation ist **formell** unter anderem gekennzeichnet durch die **Systemelemente** Personalbeschaffung, die Entlohnung und die Beurteilung der Mitarbeiter, **informell** durch die Fähigkeiten, Fertigkeiten, Erwartungen, Ziele, Normen, Wertesysteme und Beziehungen der in ihr tätigen Menschen.

Das **technologische Subsystem** repräsentiert alle technischen Voraussetzungen (Gebäude, Maschinen, Datenverarbeitungssysteme usw.) für die Erstellung von Produkten bzw. Dienstleistungen.

Das **strukturelle Subsystem** repräsentiert alle Vorschriften und Regeln, die das Erreichen der verschiedenen Organisationsziele sichern sollen. Hierzu zählen z. B. Regelungen der Arbeitszeit oder die Planung und Koordination von Arbeitsabläufen.

Das **Aufgaben-Subsystem** schließlich gliedert die zu verrichtenden Gesamtaufgaben in die von den Mitarbeitern auszuführenden Teilaufgaben.

Interdependenzen

Zwischen allen Subsystemen existieren starke **Interdependenzen**.

Der Organisationsentwickler hat gelernt, nicht nur die unmittelbaren Wirkungen einer OE-Maßnahme in einem Subsystem zu berücksichtigen, sondern auch eventuelle Auswirkungen auf andere Subsysteme und die möglichen Wechselwirkungen einzukalkulieren (Comelli, 1993).

Arbeitsaufgaben

1. Welches „Menschenbild" liegt dem Ansatz der Organisationsentwicklung zugrunde?

2. An welchen Kriterien orientiert sich praktische OE-Arbeit?

3. Welche Ziele verfolgt Organisationsentwicklung?

4. Wie gestaltet sich der ideale Problemlösungsprozeß der Organisationsentwicklung?

5. Was versteht man in der Organisationsentwicklung unter „systemischem Denken"?

6. Welche zentralen Subsysteme sind in einer Organisation zu unterscheiden, und durch welche Abhängigkeiten sind sie miteinander verbunden?

2.3 Organisationsentwicklung als systematischer Prozeß

Der **Ablauf eines OE-Prozesses** läßt sich anhand einiger charakteri-
stischer Phasen beschreiben. Die Grundstruktur geht auf Lewin
zurück, der folgende **Prozeßschritte** unterschied:

*Grundstruktur eines
OE-Prozesses*

(1) **Auftauen (unfreezing)**: Auflösung der gegenwärtig existierenden
    Einstellungen, Werte und/oder Verhaltensweisen.

(2) **Verändern (moving)**: Entwicklung neuer Einstellungen, Werte
    und/oder Verhaltensweisen durch Identifikation und Internalisie-
    rung.

(3) **Einfrieren (refreezing)**: Stabilisierung des neuen Zustandes.

Diese **Grundstruktur von Lewin**, die als wichtigstes Modell für den
Ablauf von OE-Prozessen bezeichnet werden kann (Becker/Langosch,
1990), ist inzwischen von zahlreichen Autoren erweitert und verfeinert
worden. Die nachfolgende Abbildung zeigt beispielhaft den **Zyklus
eines OE-Prozesses**, der in vier Phasen unterteilt ist:

OE-Zyklus

Phasen des OE-Prozesses	
Hauptphasen	*Unterteilung/Erläuterung*
Vorphase	1. Entstehung des Veränderungsbedürfnisses (z. B. Auftauchen eines Problems) 2. Herstellung der Beziehung zum OE-Berater und Bestimmung der Änderungsbereiche 3. Involvierung der Betroffenen
Diagnose-phase	1. Sammeln und Aufbereiten von Daten (Organisationsstruktur, -klima, Arbeitsprozesse) 2. Feedback der aufbereiteten Daten an die Arbeitsgruppen (gemeinsame Diskussion und Analyse, Ansätze für Änderungen, Teamentwicklung)
Entwick-lungsphase	1. Planung der erforderlichen Änderungen (gemeinsam in Arbeitsgruppen: personale und strukturelle Maßnahmen; Konkretisierung) 2. Durchführung der Veränderungsaktion (Realisierung personaler und struktureller Maßnahmen)
Stabilisie-rungsphase	1. Stabilisierung (Absicherung durch Trainingsmaßnahmen, Erfahrungsaustausch, Belohnungssystem) 2. Erfolgskontrolle (Bewertung und Beurteilung)

Abbildung 10

(Quelle: Linder, 1983)

Ausgangspunkt:
Veränderungs-
bedürfnis

Den Anstoß für die **Einleitung eines OE-Prozesses** bildet regelmäßig ein von den Mitgliedern einer Organisation (Organisationseinheit) empfundes Problem, das zu einem **Veränderungsbedürfnis** führt. In dieser **Vorphase** des beginnenden OE-Prozesses ist das Problem oft noch unscharf beschrieben, gehen die Meinungen der beteiligten Organisationsmitglieder über Art und Ausmaß des Problems und die Lösungsmöglichkeiten nicht selten auseinander. Es hat sich daher in der Praxis bewährt, daß sich eine Organisation von einem internen oder externen **Berater** (**change agent**) helfen läßt. Die **Aufgabe des Beraters** besteht **nicht** darin, gegenüber den Organisationsmitgliedern **inhaltliche Empfehlungen** auszusprechen. Seine **Funktion** besteht in der **Prozeßberatung**. Als teilnehmender Beobachter fungiert er als **Moderator**. Er analysiert *„die Art und Weise, wie die Organisationsmitglieder über (das Problem), die Gestaltung bzw. den Inhalt der geplanten Interventionen kommunizieren, wie sie Konflikte im Verlaufe der Zielfestlegungen handhaben, in welcher Weise sie beim Offenkundigwerden von Interessengegensätzen mit Machtungleichgewichten umgehen usw."* (Gebert, 1993). Als **Moderator** ist er **kein Leiter oder Führer**, der „weiß, wo's langgeht", sondern ein **Fachmann** für die Wege, das „Wie" der **Kommunikation** zwischen Menschen.

Das bestimmt seine **Haltung**, die sich mit folgenden Sätzen beschreiben läßt (Klebert/Schrader/Straub, 1987):

Der Moderator ...

Aufgaben des
Moderators

- **stellt** seine eigenen **Meinungen**, Ziele und Werte **zurück**. Er bewertet weder Meinungsäußerungen noch Verhaltensweisen. Es gibt für ihn kein „richtig" oder „falsch" während der Moderation;

- nimmt eine **fragende Haltung** ein und keine behauptende. Durch Fragen aktiviert und öffnet er die Beteiligten füreinander und für das Thema;

- **ist sich** seiner eigenen Einstellung zu Menschen und Themen, **seiner eigenen Stärken und Schwächen bewußt** und übernimmt für sich die Verantwortung. Er hilft damit auch den Teilnehmern, möglichst selbstverantwortlich zu reagieren;

- faßt alle **Äußerungen der Beteiligten** als **Signale** auf, die ihm helfen, den Prozeß zu verstehen. Er versucht, den **Teilnehmern** ihr **eigenes Verhalten bewußt zu machen**, so daß Störungen und Konflikte bearbeitet werden können. Dabei verzichtet er auf moralische Appelle;

- **diskutiert nicht über seine Methode**, sondern wendet sie an;

- **rechtfertigt sich nicht** für seine Handlungen und Aussagen, sondern **klärt die Schwierigkeiten**, die hinter Angriffen und Provokationen stehen.

Der **Berater** muß seine **Rolle im OE-Prozeß** in dieser Phase **erläutern**. Erstes Ziel sollte sein, ein **Vertrauensverhältnis** zwischen sich und den Organisationsmitgliedern als Grundstein für eine gute Zusammenarbeit zu entwickeln. Anschließend können die Veränderungsbereiche skizziert und Zielsetzungen für das geplante OE-Projekt formuliert werden.

Vertrauensverhältnis ist Voraussetzung

In der **Diagnosephase** geht es zunächst um das Sammeln und Aufbereiten von problemrelevanten Daten. Die **Organisationsdiagnostik** kann sich dabei auf die **Strukturen** und/oder die **Prozeßabläufe** der Organisation konzentrieren. Die **Diagnose von Strukturen** nimmt in der Praxis erfahrungsgemäß eine **dominierende Stellung** ein. Die Ziele der Organisation, ihre Umsetzung in Regeln und Ordnungen zur Ausrichtung der Organisationsmitglieder auf diese Ziele hin, stehen im Vordergrund. Eine Vielzahl von Merkmalen und Bedingungen in Organisationen unterliegen jedoch fortwährenden Veränderungen. Die **Prozeßdiagnose** konzentriert sich daher auf die folgenden Gegenstandsbereiche:

Strukturdiagnose

(1) Veränderungen organisationaler Sachverhalte,

(2) soziale Handlungsvollzüge, soziale Interaktion und Kommunikation in der Organisation,

(3) Wechselwirkungen zwischen Strukturmerkmalen, situativen Bedingungen sowie dem Erleben und Verhalten der Organisationsmitglieder (Büssing, 1993).

Dem Organisationsentwickler (Berater) steht ein umfangreiches **diagnostisches Instrumentarium** zur Verfügung: Befragungen, Diagnose-Workshops, Beobachtung und Auswertung betrieblicher Vorgänge, Dokumentenanalyse usw. Grundsätzlich gilt, daß der Organisationsentwickler in **Abstimmung mit allen Beteiligten** und in Abhängigkeit vom jeweiligen Problem entscheiden muß, welche diagnostischen Eingriffe er vornimmt (Comelli, 1993).

Instrumentarium des Organisationsentwicklers

Empirische Studien zum Erfolg von OE-Programmen haben gezeigt, daß die **Rückkopplung der Ergebnisse** der Organisationsdiagnose an die Beteiligten und die Betroffenen sowie die anschließende Verarbeitung in Workshops eine **entscheidende Erfolgsvoraussetzung** darstellt.

Bedeutung des „Survey Feedback"

Zur Bedeutung des nach Lewin als **„Survey-Feedback"** bezeichneten **Grundprinzips** schreibt Bösel (1991):

„– Primär werden Daten über menschliche und soziale Vorgänge erhoben, wie z. B. Führungsstil, Arbeitsklima, Einstellung zum Unternehmen etc.

*– Die **Daten** stellen ein **Instrument zur Problemlösung** dar und dienen nicht der Sanktionierung von Verhaltensweisen.*

*– Die **Betroffenen** – alle, bei denen die Daten erhoben wurden – **erhalten** eine **Rückkoppelung** über den vollen Umfang der Ergebnisse.*

*– Entscheidungen für **Veränderungsmaßnahmen sollen auf empirischen Tatsachen beruhen**.*

*– Durch die **Transparenz der unterschiedlichen Einstellungen** und Werte der Mitarbeiter können die Voraussetzungen für ein besseres gegenseitiges Verständnis und damit **für eine bessere Zusammenarbeit** geschaffen werden. Unterschiede sind kein Ärgernis, sondern Anreiz für erforderliche Veränderungen."* (Hervorhebungen von Grote)

Planungskonzept

In der **Entwicklungsphase** wird anschließend auf Basis der gewonnen Erkenntnisse ein **Planungskonzept** erarbeitet. Ziel ist, die Diskrepanz zwischen dem Soll- und dem Ist-Zustand zu beheben. Dazu ist es notwendig, die angestrebten **Soll-Größen** für alle Beteiligten **verständlich** und **identifikationsfähig** zu formulieren. Bei den Zielgrößen ist zwischen Richt-, Grob- und Feinzielen zu unterscheiden. Wichtig bei der Entwicklung von Lösungsansätzen ist, daß das vorhandene Wissen der Beteiligten für die Planung der Maßnahmen systematisch genutzt wird. Hinzu kommt die **zeitliche Festlegung** zur Umsetzung der einzelnen **Teilschritte**, die z. B. mit Hilfe der Netzplantechnik erfolgen kann.

Durchführung

Im Anschluß an die Planungsphase erfolgt die **Durchführung der vorgesehenen Maßnahmen**. Spätestens an dieser Stelle wird deutlich, wie wichtig es ist, den **Basisprinzipien der Organisationsentwicklung** im Vorfeld des OE-Prozesses besondere **Aufmerksamkeit** zu schenken. Denn wenn die Betroffenen nicht zu Beteiligten gemacht werden, treten Widerstände auf, an der die **traditionelle Organisationsplanung**, die die Betroffenen nur in exekutiver Form einbezieht, oftmals scheitert.

Den Abschluß des OE-Prozesses bildet die **Stabilisierungsphase**, in der die eingeleiteten Maßnahmen fortlaufend überprüft und wenn nötig durch **ergänzende Aktivitäten** in ihrer Wirkung abgesichert werden.

Zentrales Element dieser Phase ist jedoch die **Erfolgskontrolle**, die sich auf die Bewertung und Beurteilung der Veränderungen, orientiert an den formulierten Zielen, konzentriert. **Erfolgskriterien** können einerseits **„weiche" Faktoren** sein: Arbeitszufriedenheit, Engagement, Organisationsklima, Verbesserung der Kooperation und Kommunikation, Verbesserungen der Einstellungen zu Kollegen, Vorgesetzten, Kunden und dem Betrieb. Andererseits können „harte", leistungsbezogene **Kriterien**, z. B. Indikatoren der Quantität und Qualität der Arbeitsergebnisse, Gegenstand der Kontrolle sein.

Erfolgskontrolle

Zusammenfassend läßt sich sagen, daß **alle OE-Prozeßmodelle inhaltliche Ähnlichkeiten** aufweisen. Das ist verständlich, denn bei allen Modellen handelt es sich um **Problemlösungsstrukturen**, die das gleiche Ziel verfolgen: die Bewältigung organisationaler Probleme.

---

1. Durch welche chrakteristischen Phasen lassen sich die Prozeß-schritte der Organisationsentwicklung unterscheiden?

2. Aus welchen vier Phasen besteht der Zyklus eines OE-Prozesses?

3. Welche Funktion und welche Aufgaben übernimmt der Moderator bei der Gestaltung eines OE-Prozesses?

4. Was versteht man unter „Survey-Feedback"?

5. Welche Kriterien eignen sich als Maßstab der Erfolgskontrolle von OE-Maßnahmen?

Arbeitsaufgaben

2.4 OE-Interventionen auf verschiedenen Gestaltungsebenen

Orientierungsfall

Die Europabank hat die Arbeitsabläufe in der Auslandsabteilung neu organisiert. Allerdings ist das Betriebsklima seitdem erheblich gestört. Die krankheitsbedingten Fehlzeiten sind gestiegen, eine Mitarbeiterin hat mit Hinweis auf die schlechte Stimmung sogar gekündigt. Hinzu kommen Beschwerden von Kunden über schlechte Betreuung.

Dem Abteilungsleiter ist aufgefallen, daß seit der Reorganisation der Informationsfluß nicht mehr so funktioniert wie früher, Kompetenzregelungen nicht immer eingehalten und unliebsame Aufgaben von Schreibtisch zu Schreibtisch „verschoben" werden. Diverse Versuche, die Mißstände zu beheben, sind erfolglos geblieben.

Der Abteilungsleiter regt daher an, ein „Teamentwicklungsprojekt" durchzuführen. Zunächst sollen alle Mitarbeiter eine Beurteilung der Situation aus eigener Sicht abgeben. Anschließend sollen alle gemeinsam Ziele und Ablauf des Teamprojektes festlegen.

Die Mitarbeiter sind von dem Vorschlag ihres Vorgesetzten positiv überrascht und begrüßen es, daß ihnen bei Vorbereitung und Durchführung der Maßnahme ein so großes Mitspracherecht eingeräumt wird.

Definition des Interventionsbegriffs

In der **OE-Terminologie** versteht man unter dem Begriff „**Interventionen**" *„eine **Reihe strukturierter Aktivitäten**, in denen sich ausgewählte organisatorische Bereiche (Zielgruppen oder Individuen) mit einer Aufgabe oder einer Reihe von Aufgaben beschäftigen, wobei sich die **Aufgabenziele** direkt oder indirekt auf die **Verbesserung der Organisation** beziehen."* (French/Bell, 1990; Hervorhebungen von Grote)

OE-Interventionen sind die eigentlichen **Antriebsmomente** der Organisationsentwicklung.

In Theorie und Praxis werden unterschiedliche **Kriterien zur Typologisierung** bzw. zur Klassifikation von Interventionen verwandt. Am häufigsten wird eine **Zweiteilung** der einzelnen OE-Aktivitäten vorgenommen. Friedlander/Brown (1974) unterscheiden zwischen „humanprozessualen" und „techno-strukturellen" Ansätzen. Gebert (1974) unterscheidet zwischen „personalen" und „strukturalen" Aktivitäten.

Drei Bezugsebenen für OE-Aktivitäten

Sinnvoller erscheint jedoch eine **Gliederung** der OE-Aktivitäten **nach drei Bezugsebenen**: „Individuum", „soziale Beziehungen", „strukturelle Systeme". In der folgenden Übersicht sind die typischen OE-Interventionen und die angestrebten Ziele beispielhaft dargestellt.

Klassifikation von OE-Interventionen		
Bezugsebenen für Änderungen	Typische Interventionen	Angestrebte Ergebnisse
Individuum	● Aus und Fortbildung ● Führungs- und Verhaltenstraining ● Gruppendynamik ● Individuelle Entwicklungs- und Lebensplanung ● Individual Coaching	● Erweiterung des fachlichen und technischen Wissens ● Steigerung der sozialen, kommunikativen und Führungsqualifikation ● Erhöhung der physischen Belastbarkeit, Streßstabilität
Soziale Beziehungen der Organisationsmitglieder	● Teamentwicklungs-Veranstaltungen mit organisatorischen Einheiten oder zwei/mehreren miteinander kooperierenden Einheiten ● „Survey-Feedback-Methode" ● Konfrontationstreffen ● Prozeßberatung	● Verbesserung der Zusammenarbeit und Effizienz ● Konflikt- und Problemlösung ● Aufgabenklärung und -abgrenzung ● Schaffung von Vertrauen und Offenheit untereinander
Organisatorische, technologische und Aufgabenstruktur	● Änderung von technostrukturellen Bedingungen, die Einfluß auf das Arbeitsverhalten der Mitarbeiter haben	● Verbesserung der Arbeitsbedingungen ● Reibungsloser und effizienter Arbeitsablauf ● Klare Kompetenz- und Aufgabenabgrenzung

Abbildung 11

(Quelle: In Anlehnung an Porter/Lawer/Hackmann, 1975, zitiert nach Bösel, 1991)

Die OE-Interventionen können in unterschiedlichen Subsystemen der Organisation zur Anwendung kommen. Ihr kombinierter Einsatz wird als **Interventionsstrategie** bezeichnet.

Nachfolgend werden die **populärsten OE-Maßnahmen** der einzelnen Gestaltungsebenen kurz vorgestellt. OE-Maßnahmen

2.4.1 Interventionen auf der Ebene des Individuums

Alle Maßnahmen auf der Ebene des Individuums konzentrieren sich auf die **Gestaltung der Arbeitssituation** durch den einzelnen Mitarbeiter. Die Steigerung seiner sozialen Kompetenz kann ebenso Ziel sein wie die Entwicklung seiner Fähigkeit, mit hohen Arbeitsbelastungen besser zurechtzukommen.

Der Lernprozeß in einer Organisation beginnt mit dem Erfassen und Reflektieren eigenen Verhaltens und eigener Erfahrungen durch die einzelnen Mitarbeiter. Eine **Lernstrategie**, die vorrangig von den Erfahrungen ausgeht, die die Lernenden selbst gemacht haben, wird als **Sensitivity Training** bezeichnet.

Sensitivity Training als Lernstrategie

Ziele **Ziele** des Trainings sind:

- Eine höhere **Feinfühligkeit** (Sensitivität) für emotionale Reaktionen bei sich und anderen entwickeln.

- Die **Folgen des eigenen Handelns** für sich und andere erkennen. Feedback soll zum Verstehen des eigenen Verhaltens genutzt werden.

- **Klärung** und Entwicklung **persönlicher Werte** und **Zielvorstellungen**, die soziale oder persönliche Entscheidungen und Handlungen beeinflussen.

- **Vermittlung von Handlungsmöglichkeiten**, um persönliche Werte, Ziele und Absichten miteinander verbinden zu können.

- **Entwicklung effektiverer Verhaltensweisen** des einzelnen in seiner Umwelt und Steigerung der Leistungsfähigkeit als Mitglied in der Organisation (French/Bell, 1990).

Der **Ablauf eines Sensitivity Trainings** vollzieht sich in mehreren Lernschritten und ist als **Lernzyklus** zu verstehen. In der **ersten Phase** wird bewußt eine **Verhaltensverunsicherung** der Teilnehmer angestrebt. So können beispielsweise **Mitarbeitergespräche als Rollenspiele** inszeniert und anschließend mit den Teilnehmern gemeinsam analysiert werden. Die Akteure in der Spielsituation erfahren von der Gruppe, den Beobachtern, welche **fördernden** und **hemmenden Verhaltensweisen** in bezug auf die angestrebten Gesprächsziele wahrgenommen wurden. Das Selbstbild wird mit dem Fremdbild konfrontiert. Ergebnis ist, daß die Teilnehmer beginnen, eigenes Verhalten kritisch zu betrachten und sensibel werden für eventuell notwendige **Verhaltensmodifikationen**.

Verhaltens-verunsicherung

Die Praxis zeigt, daß der **Erfolg von Sensitivity Trainings** entscheidend von dieser Phase abhängt. Daher finden die Seminare gewöhnlich in Seminarzentren oder Seminarhotels statt. Die Teilnehmer sollen durch den Verlust von gewohnter Sicherheit, Rückhalt, Statussymbolen und hierarchischen Autoritätsbeziehungen schneller zur Auseinandersetzung mit sich selbst finden.

In der **zweiten Phase** werden unter Anleitung des Trainers mit der Gruppe für die spezifische Situation jedes Teilnehmers **Verhaltens-**

alternativen erarbeitet. Wichtig ist, daß jeder Teilnehmer am Schluß dieser Phase selbst entscheidet, welche alternativen Verhaltensweisen er in den folgenden Übungen und später in der Praxis trainieren möchte.

In der **dritten Phase** schließlich wird neues Verhalten zunächst im Seminar anhand passender Übungen erprobt und anschließend in der Praxis weiter trainiert.

Verhaltenserprobung

Empirische Untersuchungen zeigen, daß Sensitivity Trainings geeignet sind, die Fähigkeit des Zuhörens zu verbessern, Feedback geben zu können, Diskussionen offener und ehrlicher zu führen und sich selbst besser zu verstehen.

Für Organisationsentwicklung wirksam werden Sensitivity Trainings aber erst dann, wenn sie in ein **umfassendes Veränderungskonzept**, das auch gruppen- oder organisationsübergreifende Aktivitäten einschließt, eingebunden sind. Der Trend geht daher zu den sogenannten „family labs", wobei die Trainingsteilnehmer aus einer betrieblichen Arbeitsgruppe kommen (Staehle, 1991).

Sensitivity Training als ein Baustein

Eine Modifikation des Sensitivity Trainings stellen die **Encounter-Gruppen** dar. Es handelt sich um Selbsterfahrungs- und Begegnungsgruppen, in denen die Teilnehmer ihre **Interaktionserfahrungen** bearbeiten. Die Mitglieder lernen, offener und ehrlicher miteinander zu kommunizieren, ihre Gefühle auszudrücken und sich nicht hinter einer Fassade zu verstecken. **Ziel** ist, die **soziale Kompetenz** des einzelnen und den **Zusammenhalt der Arbeitsgruppe** zu fördern.

Die **Entwicklungs**- und **Lebensplanung** ist eine weitere wichtige Intervention auf der Ebene des Indivuums. Die **berufliche Tätigkeit** eines Menschen beeinflußt seine **Lebensumstände**, umgekehrt wirken sich seine Lebensumstände auf seine berufliche Tätigkeit aus.

Die Interventionen zur Entwicklungs- und Lebensplanung setzen bei einer **Bilanz des Gewesenen** und den Zielsetzungen des Mitarbeiters an. Die betroffene Person soll zunächst eine Einschätzung der bis dato verfolgten Lebens- und Karriereplanung vornehmen, wobei die Höhepunkte, wichtige Ereignisse, Wahlmöglichkeiten, Stärken und Schwächen herauszuarbeiten sind. Anschließend sind Ziele für die künftige berufliche Laufbahn und die Lebensführung zu formulieren. Die Gestaltung eines Plans zur Erreichung der Ziele stellt das Ende dieser OE-Aktivität dar.

Entwicklungsbilanz

Zielbewußtes Handeln ist für die Leistungsfähigkeit des einzelnen Mitarbeiters wie für die Leistungsfähigkeit der Organisation insgesamt eine entscheidende **Erfolgsvoraussetzung**. Die Bedeutung dieser OE-Intervention ist daher selbstredend.

2.4.2 Interventionen auf der Ebene der Gruppe

Die Interventionen auf der Gruppenebene beinhalten OE-Maßnahmen, die zur **Verbesserung der Beziehungen** zwischen zwei oder mehreren Personen und zu einer **Steigerung der Effektivität** der Zusammenarbeit führen sollen. Im Unterschied zu den Encounter-Gruppen handelt es sich um **leistungs-** und **aufgabenverbundene Gruppen** (Comelli, 1985). Gordon (1993) verwendet daher zur Kennzeichnung einer **Arbeitsgruppe**, die eine integrierte Einheit und nicht nur den Zusammenschluß von Einzelpersonen darstellt, den Begriff „**Management-Team**". Diese Einheiten steuern sich innerhalb des von der Organisation vorgegebenen Rahmens selbst.

Teamentwicklung

Maßnahmen zur **Teamentwicklung** bilden zur Zeit den integralen Bestandteil vieler Reorganisationsvorhaben (Lean Banking) und gehören zu den populärsten OE-Maßnahmen. **Teamentwicklung** kann darauf gerichtet sein, **neue Teams** möglichst schnell zu einer leistungsfähigen Einheit zu entwicklen oder bereits **bestehende Teams** in ihrer Leistungsfähigkeit zu fördern.

Die **Konzentration auf die Gruppenarbeit** ist vor dem Hintergrund des massiven Einsatzes moderner **Informations- und Kommunikationstechnologien** einerseits und dem Übergang zu **prozeßorientierten Führungskonzepten** andererseits verständlich.

Einfluß der
Mikroelektronik

Die **Mikroelektronik** (PC, ISDN-Technik, Video- und Computerkonferenzen usw.) hat zu einer **Verschiebung der Schnittstellen** zwischen **Mensch und Technik** geführt. Die Technik führt zu einer größeren **Entkoppelung der Mitarbeiter von maschinellen Abläufen**, so daß eine zeitliche und räumliche Trennung der konkreten Arbeitstätigkeiten (z. B. Kundenberatung) von ihrer technischen Abwicklung möglich wird. Dies hat erhebliche **Konsequenzen** auf das **Führungsverhalten** von Vorgesetzten, da klassische Kontrollmöglichkeiten weitgehend entfallen (Bungard, 1990).

Ganzheitlich arbeitende
Organisationseinheiten

Die veränderten Schnittstellen zwischen Mensch und Maschine und die **zur Technik komplementären Tätigkeiten** im Sinne einer **Steuerungs-** und **Kontrollfunktion** erfordern eine dazu passende Arbeitsorganisation. Diese „neuen" Organisationsstrukturen sind insbesondere dadurch gekennzeichnet, daß die **tayloristisch geprägte Trennung** zwischen direkten und indirekten Bereichen teilweise aufgehoben wird. Die Tendenz geht dahin, ganzheitlich arbeitende Organisationseinheiten durch **Integration ehemaliger Spezialfunktionen** zu schaffen (Jürgens/Malsch/Dohse, 1989). Der dieser Idee entsprechende geschäftsfeldorientierte Organisationsansatz der Banken wurde im ersten Kapitel bereits erläutert.

Die **Konsequenz** dieser neuen Formen der Arbeitsorganisation ist, daß die **tägliche Arbeit zunehmend in Gruppen oder Teams** durchgeführt werden muß. Die Zusammensetzung einer Gruppe aus mehreren Spezialisten, die bisher als „Einzelkämpfer" gewirkt haben, garantiert nun leider nicht, daß die Gruppe effektiv und effizient arbeitet. Hierzu bedarf es entsprechender **Trainingsmaßnahmen** zur **Teamentwicklung**, die in der Regel folgende Ziele anstreben:

Neue Arbeitsorganisation führt zu Teamarbeit

- Erarbeitung von Gruppenzielen.

- Schaffung von wechselseitigem Vertrauen, Unterstützung, Sicherheit und offener Kommunikation.

- Sensibilisierung der Gruppe dafür, daß sie ein wichtiger Bestandteil des Veränderungsprozesses der Gesamtorganisation ist.

- Entwicklung wirksamer Möglichkeiten, Sach- und Beziehungsprobleme innerhalb der Gruppe konstruktiv und nicht destruktiv lösen zu können.

- Förderung der Zusammenarbeit des Teams mit anderen Arbeitsgruppen in der Organisation. Hierzu zählt auch die Sensibilisierung für die gegenseitigen Abhängigkeiten.

- Verringerung jenes Wettbewerbs, der sich negativ auf die Leistung der jeweiligen Gruppe bzw. der Organisation auswirkt.

Teamentwicklungsprojekte laufen in der Regel in folgenden **fünf Schritten** ab (Comelli, 1993):

Phasen der Teamentwicklung

(1) Kontaktphase/Kontrakt mit dem Auftraggeber

(2) Kontaktphase/Kontrakt mit den Betroffenen

(3) Diagnosephase/Datensammlung

(4) Durchführung des Teamentwicklungstrainings

(5) „Nachfassen"

Der **Impuls** bzw. der Anstoß für **Teamentwicklungsmaßnahmen** kann sowohl vom Leiter als auch von einem Betroffenen einer organisatorischen Einheit ausgehen. Grundlage ist immer ein Empfinden dafür, daß etwas „nicht stimmt" oder „besser laufen" könnte. In der **Kontaktphase** ist es für den internen oder externen Moderator ausgesprochen wichtig, zu klären, worin das Problem gesehen wird, in welche Richtung eine Veränderung angestrebt wird bzw. welche Ergebnisse erwartet werden. Geht der Anstoß für das Projekt von einem Vorgesetzten aus, ist unbedingt dessen persönliche Einstellung zu thematisieren. Ist er wirklich bereit, mit seinen Mitarbeitern in partnerschaftlicher Weise zu arbeiten und dabei auch „kritische Töne" zu akzeptieren? Ist er autorisiert, das Projekt abzuwickeln, und sind seine eigenen Vorgesetzten informiert?

Keine Statusunterschiede

Für die gemeinsame Arbeit im Teamentwicklungsprojekt ist entscheidend, daß **Statusunterschiede**, insbesondere zwischen Vorgesetzten und Mitarbeitern, weitgehend abgebaut werden. Vorgesetzte sollten sich wie **normale Gruppenmitglieder** verhalten und den Mitarbeitern ein Gefühl der Freiheit vermitteln, damit diese ihren optimalen Beitrag zu den Projektzielen leisten können.

Klärung der Rahmenbedingungen

Weiterhin ist zu klären, wieviel **Zeit** für das Projekt zur Verfügung steht, welche **Rahmenbedingungen** zu beachten sind und welche **Diagnoseverfahren** eingesetzt werden können (müssen). Um späteren Mißverständnissen vorzubeugen, sind ferner die gegenseitigen **Erwartungen abzuklären**. Wie bereits oben erläutert, ist der **Moderator** kein Leiter oder Führer, der „weiß, wo's langgeht", sondern ein **Fachmann für die Wege**, der sein Prozeß- und Methodenwissen zur Verfügung stellt. Dies muß er deutlich herausstellen. Dem Moderator ist dringend zu empfehlen, über den Inhalt der diesbezüglichen Gespräche mit dem Auftraggeber einen **schriftlichen Kontrakt** abzuschließen.

Gemeinsame Zieldefinition

In gleicher Weise wird anschließend mit den betroffenen **Gruppenmitgliedern** geklärt, welche **Erwartungen** und **Ziele** sie mit der Teamentwicklungsmaßnahme verbinden. Nicht selten gehen die Auffassungen des Vorgesetzten bzw. des Protagonisten und der Gruppe über Art und Ausmaß verbesserungsbedürftiger Tatbestände auseinander. Dann muß der Moderator zunächst versuchen, einen für alle Beteiligten akzeptablen **gemeinsamen Ansatzpunkt** herauszuarbeiten. Auch der Gruppe erläutert der Moderator seine **spezifische Funktion**. Schließlich ist zu klären, wie der **Vorgesetzte in das Projekt eingebunden** werden soll. Soll er von Anfang an und kontinuierlich dabei sein oder nur, wenn es die Arbeit aus Sicht der Gruppe konkret erfordert? In manchen Phasen des Trainings kann es vorkommen, daß die Gruppe zunächst allein, das heißt ohne ihren Vorgesetzten, über ein bestimmtes Thema sprechen möchte. Diese Möglichkeit sollte der Gruppe in jedem Fall eingeräumt werden. Diese **Spielregel** ist mit dem Vorgesetzten ebenfalls vorab zu vereinbaren.

In der **dritten Phase** des Teamentwicklungsprojektes folgt die **Diagnose**, das heißt die möglichst exakte Analyse des Problems. Hierzu sind alle **problemrelevanten Daten** zu erheben und auszuwerten. Die inhaltliche Gestaltung dieser Phase entspricht der bereits vorgestellten Phase zwei der Organisationsentwicklung als systematischem Prozeß.

Problemanalyse

Das eigentliche **Teamentwicklungstraining** konzentriert sich anschließend auf die zuvor herausgearbeiteten **Problemschwerpunkte**.

Teamentwicklungstraining

„Lernbedarf kann in folgenden Feldern vorliegen:

- *Bestimmte bei Teamarbeit angebrachte ... Arbeitstechniken sind unbekannt und/oder werden nicht ausreichend beherrscht.*

- *‚Spielregeln‘ zur Optimierung von Gruppenarbeit sind nicht bekannt und/oder werden nicht praktiziert.*

- *Zwischen den Teammitgliedern oder einzelnen von ihnen herrschen gestörte Beziehungen; Kommunikationsprobleme und sogar Konflikte behindern eine effiziente Zielerreichung.*

- *Es mangelt an sozialen Fähigkeiten bzw. Fertigkeiten, um eine reibungslose Zusammenarbeit zu gewährleisten.*

- *Die Gruppe wird ‚Opfer‘ bestimmter gruppendynamischer Prozesse, die sie entweder nicht kennt und/oder nicht wahrnimmt und demzufolge auch nicht steuern und beeinflussen kann.“ (Comelli, 1993)*

Selbstverständlich **entscheidet die Gruppe**, an welchen Problemen sie in welcher **Reihenfolge** arbeiten möchte.

Die angesprochenen Lernfelder machen bereits deutlich, daß der **Moderator** den Beteiligten bei Bedarf auch bestimmte methodische und sozial-kommunikative **Kompetenzen vermitteln** muß. Hierzu zählen Moderations- und Arbeitstechniken, Problemlöse- und Entscheidungstechniken, Methoden der Ideenfindung und Präsentation, soziale Wahrnehmung, Feed-Back usw.

Ist der **Lernbedarf** der Beteiligten allerdings zu groß, empfiehlt sich eine vor der Teamentwicklungsmaßnahme vorzunehmende **separate Schulung**.

Wichtiges **abschließendes Element** des Teamentwicklungstrainings ist das für Organisationsentwicklung allgemein charakteristische „**Nachfassen**“. Um den **Erfolg** des Trainings **überprüfen** zu können, müssen die eingeleiteten Maßnahmen hinsichtlich ihrer Wirkung **eva-**

luiert werden. Wie bereits oben beschrieben, ist die Kontrollphase auch als **projektstützende Maßnahme** zu sehen, die hilft, auf dem Weg zum Ziel rechtzeitig eventuell notwendige Korrekturen vorzunehmen. Der Moderator sollte dazu beitragen, daß die Gruppe **positive Entwicklungen als Ergebnis der gemeinsamen Arbeit** begreift, um so den für Teamarbeit wichtigen „**Teamgeist**" zu entwicklen.

Abschließend läßt sich feststellen, daß die neuen Technologien Arbeitssysteme geschaffen haben, die das seit Jahren zu hörende Plädoyer für **Gruppenarbeit** inzwischen in eine **funktional begründbare Forderung** verwandelt haben. Heute geht es nicht mehr um die Realisierung humanistischer Ziele, sondern um eine **effektive Arbeitsgestaltung**. Nur über Gruppenkonzepte kann eine bereichs- und rangstufenüberbrückende Koordination und die notwendige Aktualisierung der Motivation der Mitarbeiter gelingen (Bungard/Antoni, 1993).

Effektive Arbeitsgestaltung

Voraussetzung für eine von **Teamgeist getragene Gruppenarbeit** im Unternehmen ist allerdings, daß die **Mitarbeiter** bezüglich der angesprochenen Techniken und Methoden **qualifiziert** werden und daß das **Unternehmen** die Gruppenarbeit als Modell der künftigen Arbeitsorganisation entsprechend **propagiert** und **praktiziert**. Diesen Zusammenhang veranschaulicht abschließend die folgende Graphik:

Mitarbeiterqualifizierung ist Voraussetzung

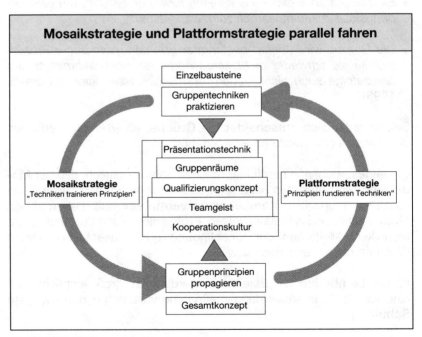

Abbildung 12

(Quelle: Reiß, 1993)

2.4.3 Interventionen auf der Ebene der Organisation

Ziel der marktorientierten **Reorganisation von Banken** ist es, **flexible Strukturen** zu schaffen, um auf künftige Veränderungsprozesse schneller als bisher reagieren zu können. In der neuen Organisation sollten daher **keine Ablaufschemen routiniert** werden; vielmehr ist die Organisation als offener Prozeß zu gestalten, der hinterfragbar, anpaßbar und mitteilungsfähig ist.

Flexible Organisationsstrukturen

Bei Interventionen auf der Ebene der Organisation werden daher mehrere Gruppen, ganze Organisationsbereiche oder die Gesamtorganisation in den Prozeß einbezogen. Die **Mitarbeiter** sollen **fach-** und **funktionsübergreifend** an den betrieblichen Gestaltungsprozessen beteiligt werden.

Aufbauorganisatorisch lassen sich **drei Grundtypen** von Beteiligungen unterscheiden:

(1) Die Beteiligung „von oben".

Grundtypen der Beteiligung

(2) Die Beteiligung „von unten".

(3) Die methodisch bedingte Beteiligung.

Abbildung 13

(Quelle: Lindinger/Ruhnau, 1993)

Eine **Beteiligung „von oben"** findet in Ausschüssen und Gremien statt, die sich aus Mitarbeitern der betroffenen Abteilung, Vorgesetzten und Experten zusammensetzt.

Bei der **Beteiligung „von unten"** lösen Arbeitsgruppen selbständig Probleme, die in ihren Arbeitsbereich gehören. Diese Arbeitsgruppen werden spontan bei Auftreten eines Problems gebildet.

Die **methodisch bedingte Beteiligungsform** wird hauptsächlich bei Spezialprojekten eingesetzt. Hier soll arbeitsabhängiges Know-how gezielt zur Problemlösung und/oder Fehlervermeidung genutzt werden.

Es existieren nun **verschiedene Möglichkeiten**, die **Zusammenarbeit** zwischen Gruppen **zu verbessern**. Zu den bekanntesten **OE-Interventionen** auf dieser Ebene gehören: Der Qualitätszirkel, der Werkstattzirkel, die Lernstatt und das Gruppenvorschlagswesen.

Qualitätszirkel

Die **Idee des Qualitätszirkels** geht auf die Jishu-Kanri-Bewegung in Japan zurück. Sie ist jedoch keine japanische Erfindung, denn die theoretischen Grundlagen stammen aus den USA. Der **Grundgedanke** ist, daß Probleme und Schwachstellen am ehesten dort erkannt und beseitigt werden können, wo sie auftreten. Den Mitarbeitern soll die Möglichkeit gegeben werden, Schwierigkeiten in ihrem täglichen Arbeitsumfeld zu beschreiben und selbst zu lösen. Der **strukturelle Aufbau betrieblicher Qualitätszirkel** unterscheidet sich zum Teil erheblich entsprechend der Größe der Banken und den angestrebten Gruppenmodellen. **Zentrale Strukturelemente** von Qualitätszirkeln sind in der Regel die **Qualitätszirkelteilnehmer**, der **Moderator** der Zirkelarbeit, die **Koordinatoren** und das **Steuerungskomitee**.

Qualitätszirkel-
teilnehmer

Die **Teilnehmer** stammen vorwiegend aus **unteren Hierarchieebenen**. Es sind Gruppen von etwa 5 bis10 Beschäftigten, die aus einem **gemeinsamen Arbeitsbereich** – im Unterschied zum Team nicht nur aus einer Abteilung – stammen und sich regelmäßig in **Gesprächsrunden** zusammenfinden. Die Teilnahme ist freiwillig. Die Arbeit der Gruppe wird durch einen speziell für diese Aufgabe ausgebildeten **Moderator** geleitet. Das **Steuerungskomitee** repräsentiert die **Interessen des Managements**. Ihm gehören Führungskräfte aus der Geschäftsleitung, den betroffenen Abteilungen, häufig auch ein Mitglied des Betriebsrates an. Das Komitee ist zuständig für die Planung, Leitung und Steuerung des Programms sowie für alle grundsätzlichen Fragen. Der **Koordinator** schließlich ist für alle **Detailfragen** der Zirkelorganisation zuständig. Er soll die von der Steuerungsgruppe beschlossenen **Grundsätze** in die Praxis der Zirkel umsetzen helfen und den konkreten Ablauf organisieren. Externe wie auch interne Berater können jederzeit von den Zirkelmitgliedern eingeladen werden. Die **Qualitätszirkel** sind in die **Gesamtorganisation eingebunden** und nehmen Lenkungs- und Kontrollfunktionen wahr.

Werkstattzirkel

Eine Modifikation dieser Organisationsform stellt der **Werkstattzirkel** dar, der auf eine Idee der METAPLAN GmbH zurückgeht. Im Unterschied zum Qualitätszirkel geht es um die **Bearbeitung einer konkre-**

ten und zeitlich befristeten Aufgabenstellung. Es handelt sich insofern um eine projektgebundene Beteiligungsform. Die Mitarbeiter sollen an den Zielsetzungs- und Lösungsprozessen mitwirken. Die **Arbeitsgruppe** ist **gemischt** und setzt sich aus Mitarbeitern und Führungskräften verschiedener Hierarchieebenen zusammen. Erfahrungsgemäß treffen sich die Teilnehmer eines Werkstattzirkels zu **drei bis fünf Sitzungen**. Sie arbeiten während der Arbeitszeit und in der **Nähe der Arbeitsplätze**. Die Themen, die vom Management definiert werden, sollten vom Betriebsrat akzeptiert sein. Untere Führungskräfte übernehmen die **Gesprächsmoderation**. Auch bei dieser Beteiligungsform sollte die Teilnahme freiwillig sein.

Eine weitere Beteiligungsform der Mitarbeiter stellt das Lernstattkonzept dar. Lernstattgruppen beschäftigen sich mit **Themen**, die im Zusammenhang mit der Bildung von Qualitätsbewußtsein, der Identifikation mit dem Unternehmen, der Bereitschaft für Veränderungen, einer übergreifenden Zusammenarbeit und der persönlichen wie fachlichen Qualifikationserweiterung der Teilnehmer stehen. Im Unterschied zum Qualitätszirkel steht hier also die **Vermittlung gruppenbezogenen Denkens** und **sozialer Kompetenzen**, weniger die Lösung konkreter betrieblicher Fragestellungen im Vordergrund.

Lernstattkonzept

Die **Gruppen** sind daher etwas **kleiner**. Sie bestehen aus 6 bis 8 **Mitarbeitern verschiedener Unternehmensbereiche und Hierarchieebenen**, die von ihren Vorgesetzten ausgewählt werden. Bearbeitet werden die unterschiedlichsten Themen, die sowohl von den Gruppenmitgliedern, den entsendenden Führungskräften oder den die Gruppe leitenden Mitarbeitern formuliert werden können. Eine typische Organisationsstruktur existiert nicht.

Schließlich ist auch die Einführung eines **Gruppenvorschlagswesens** eine interessante Intervention auf der Ebene der Organisation. Es stellt eine **verbesserte Form des betrieblichen Vorschlagswesens** dar, das als älteste Form eines Ideenmanagements bereits 1888 von dem Essener Unternehmer Alfred Krupp entwickelt wurde.

Gruppenvorschlagswesen

Zwei bis drei **Mitarbeiter der gleichen Abteilung oder mehrerer benachbarter Abteilungen** treffen sich freiwillig außerhalb der Arbeitszeit, um einen ihren gemeinsamen Arbeitsbereich betreffenden Verbesserungsvorschlag zu erarbeiten. Die Teilnehmer legen die Themen selbst fest, die **Geschäftsleitung** kann jedoch **Leitthemen** vorgeben. Durch das Gruppenvorschlagswesen fördert das Unternehmen eine gegenüber dem traditionellen Vorschlagswesen **bessere Qualität der Vorschläge**, die ausgereifter und leichter realisierbar sind. **Einreichergemeinschaften** können durch einen Zuschlag auf die Grundprämie oder durch Sachprämien, die die Zusammenarbeit fördern, etabliert werden.

„GRID-System" Als **organisationsübergreifende OE-Maßnahme** soll abschließend „das ‚vorkonfektionierte' Entwicklungspaket des sogenannten **GRID-Systems**" (Comelli, 1993) nach Blake & Mouton vorgestellt werden. Es ist das systematischste und umfassendste OE-Programm, das in der OE-Literatur dargestellt ist (Böhm, 1981).

Die Autoren haben die **Wechselbeziehung** zwischen den beiden Führungsdimensionen **Leistungs-** und **Mitarbeiterorientierung** in einem **Verhaltensgitter** dargestellt. Es veranschaulicht zunächst in einfacher Form den breiten Spielraum möglicher Führungsstile:

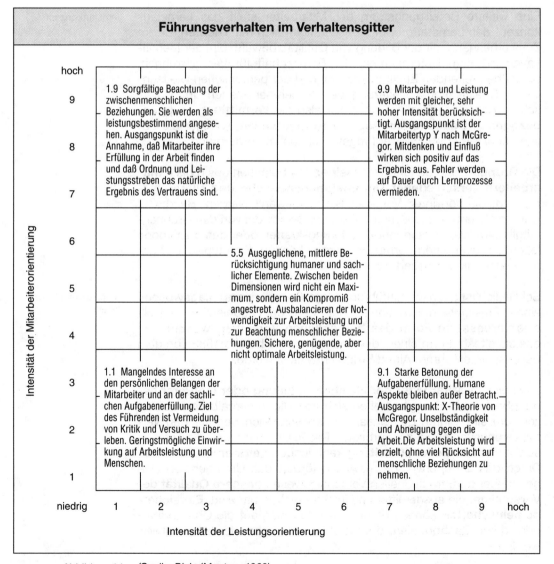

Abbildung 14   (Quelle: Blake/Mouton, 1968)

Das zweidimensionale Koordinatensystem enthält auf beiden Achsen Abstufungen von 1 bis 9, die die Intensität der beiden Dimensionen des Führungsverhaltens ausdrücken. Theoretisch lassen sich demnach 81 Führungsstile unterscheiden. Die Autoren selbst beschreiben jedoch nur 5 Führungsstile (sogenannte Schlüsselführungsverhalten) und empfehlen als optimalen Führungsstil die 9.9-Variante. Hohe Mitarbeiter- und Leistungsorientierung führen im Hinblick auf Arbeitszufriedenheit, Produktivität, geringe Fehlzeiten usw. zu optimalen Ergebnissen.

Für den **Prozeß der Reorganisation** nach dem Modell wurden von Blake/Mouton **sieben zwingende Grundregeln** formuliert, von denen es abhängt, ob die Methode zum Erfolg führt oder nicht:

Grundregeln der Reorganisation

(1) Wenn eine Organisation verändert werden soll, muß die ganze Organisation bzw. autonome Einheiten verändert werden.

(2) Das Management einer Organisation muß die Richtung des Veränderungsprozesses bestimmen und ihn leiten.

(3) Die **Veränderung** muß im „do-it-yourself"-Stil von den Mitarbeitern der Organisation getragen werden.

(4) Für wirksame Veränderungen ist es erforderlich, daß man **systematische Denkmethoden** und Analyseverfahren anwendet. Nur so kann man ein Organisationsmodell aufbauen, das zu Höchstleistungen führt.

(5) Es muß alles untersucht und verändert werden, was heute nicht den Soll-Vorstellungen entspricht. Nichts darf als selbstverständlich hingenommen werden, **alles muß in Frage gestellt werden**.

(6) Die Führung einer Organisation muß ihre Situation genauen **operationalen Untersuchungen** unterziehen. Das heißt, daß bei einer kommerziellen Organisation die Tätigkeiten im Marketing, in der Erzeugung von Produkten oder Dienstleistungen, in der Forschung und Entwicklung usw. präzisiert und kritisiert werden müssen. Auch die **Ziele der Organisation** und die erzielten **Ergebnisse** müssen **kritisch untersucht** werden.

(7) Um eine Organisation wirklich verändern zu können, ist es notwendig, systematisch und ordnungsgemäß nach den **sechs Phasen des GRID-Modells** vorzugehen.

Ideen und Methoden
kennenlernen

Die **erste Phase** des Modells ist das **GRID-Seminar**. Eine Auswahl von Führungskräften lernt dort die GRID-Ideen und Methoden kennen. Durch **gruppendynamische Übungen** werden den Teilnehmern die **Vorteile des 9.9-Führungsstils** verdeutlicht. Gleichzeitig lernen sie, eigenes und fremdes **Führungsverhalten** in der betrieblichen Organisation **kritisch** zu **betrachten**. Dem Seminarbesuch folgt die endgültige Entscheidung, ob die GRID-Organisationsentwicklung realisiert werden soll oder nicht. Fällt die Entscheidung positiv aus, besucht die gesamte Organisation diese Veranstaltungen. Als **Teilnehmer** kommen die **komplette Führungsschicht** und das **Stabspersonal** in Frage, wobei Blake/Mouton auch die Einbeziehung der restlichen Organisationsmitglieder empfehlen. Spätestens wenn die Hälfte der Führungskräfte das Seminar besucht hat, wird Unruhe im Haus entstehen und der **Ruf nach Veränderungen** laut werden.

Teamentwicklung

In der **zweiten Phase** des Prozesses geht es um die **Entwicklung leistungsfähiger Teams**. Durch individuelles Studium und durch Gruppenseminare lernen die Teams, ihre **Stärken und Schwächen** zu erkennen, zu kritisieren und Ansätze für **Verbesserungen** zu entwickeln. Von der Geschäftsleitung bis zur untersten Organisationsebene werden **alle Hierarchiestufen** in diesen Prozeß eingebunden.

Verbesserung der
Beziehungen

In der **dritten Phase** geht es um die **Verbesserung der Beziehungen zwischen den einzelnen Organisationseinheiten** (Gruppen, Abteilungen, Bereichen usw.). Jeweils zwei Teams besuchen ein Seminar, um das zu klären und abzubauen, was einer guten Zusammenarbeit im Wege steht. Mit einem erarbeiteten **Idealbild** wird die tatsächliche Zusammenarbeit verglichen, **Vorfälle der Vergangenheit** werden besprochen und analysiert. Diese **ersten drei Phasen** bilden die **Grundlage** für die weiteren Entwicklungsschritte, die sich nunmehr auf die Gesamtorganisation richten.

Entwurf der idealen
Unternehmens-
organisation

Phase vier konzentriert sich auf den **Entwurf eines idealen Unternehmensmodells**. Bestehende **Unzulänglichkeiten** der Gesamtorganisation bezüglich Struktur, Ablauf, allgemeinen Verhaltensstrategien und Geschäftspolitik **sollen behoben werden**. Damit es zu einer echten Weiterentwicklung kommt, wird nicht nur eine Behebung empfundener Mißstände eingeleitet, sondern zunächst ein langfristiges, ideales **strategisches Organisationsmodell** durch das Top-Management entworfen. Die Idealvorstellungen müssen sich auf **sechs wichtige Gebiete** beziehen:

● wichtige finanzielle Ziele,

● geschäftliche Aktivitäten,

● Art der Märkte,

- Organisationsstruktur,

- Grundsätze der Unternehmenspolitik,

- Entwicklungserfordernisse zur Anpassung an künftige Anforderungen.

Nachdem das **Modell** fertiggestellt ist, wird es den **Organisations-mitgliedern vorgestellt**. Der Information können **Kritik** und **Verbes-serungsvorschläge** folgen, die das Top-Management im Rahmen einer anschließenden Analyse gegebenenfalls berücksichtigen kann.

In der **fünften Phase** geht es um die **Einführung des Ideal-Modells**. Das Top-Management bildet für die einzelnen organisatorischen Ein-heiten **Planungsteams**. Diese arbeiten unabhängig voneinander ihre Strategien und Pläne aus. Außerdem wird in dieser Phase vom Top-Management ein **Koordinator** bestellt, der sich von den Planungs-teamleitern berichten läßt und für die nötige **Abstimmung** sorgt. Das Top-Management beschäftigt sich mit jedem dieser Pläne und ent-scheidet über deren schrittweise Einführung.

Einführung des entwickelten Modells

In der **Endphase sechs** erfolgt die systematische Auswertung der Er-gebnisse des gesamten OE-Projektes. Den Organisationsmitgliedern soll bewußt werden,

Auswertung der Ergebnisse

- welche Fortschritte sie gemacht und auf welche Weise sie Proble-me gelöst haben,

- welche Probleme noch zu beheben sind,

- wo noch Chancen für weitere Verbesserungen bestehen,

- daß Organisationsentwicklung ein endloser Prozeß ist, auch wenn der GRID-Berater ausscheidet (Böhm, 1981).

GRID ist charakterisiert durch ein systematisches und genau **geplan-tes OE-Programm**. Darin liegt die **Stärke dieses OE-Ansatzes**. Das Verfahren ist Ergebnis umfangreicher positiver Erfahrungen in Unter-nehmen der verschiedensten Branchen. Das Management kann nach kurzer Einarbeitung die Leitung des GRID-Prozesses weitgehend selbst übernehmen. Aufgrund des umfassenden Ansatzes dauert eine **GRID-Weiterentwicklung** in der Regel allerdings **mehrere Jahre**. Für ein Unternehmen von etwa 2 000 Mitarbeitern geben Blake/Mouton einen Zeitraum von mindestens 3 bis 5 Jahren an.

Arbeitsaufgaben

1. Nach welchen Kriterien lassen sich OE-Interventionen typologisieren bzw. klassifizieren?

2. Welche typischen OE-Interventionen gibt es, und welche Ergebnisse werden jeweils angestrebt?

3. Welche Ziele verfolgt ein „Sensitivity Training", und wie gestaltet sich der Ablauf dieser Maßnahme?

4. Warum haben Team-Entwicklungsprojekte zur Zeit Hochkonjunktur?

5. Welche Ziele verfolgen Team-Entwicklungsprojekte, und in welchen Schritten laufen sie ab?

6. Welche Voraussetzungen müssen geschaffen werden, damit Team-Entwicklungsprojekte zum Erfolg führen?

7. Welche Grundtypen der Mitarbeiterbeteiligung gibt es, und welche Vor- und Nachteile lassen sich nennen?

8. Wodurch unterscheiden sich die Beteiligungsformen Qualitätszirkel, Werkstattzirkel, Lernstatt und Gruppenvorschlagswesen?

9. Wie ist das „vorkonfektionierte" Entwicklungspaket des GRID-Systems aufgebaut?

10. Welche zwingenden Grundregeln sind bei der Reorganisation nach dem GRID-Modell zu berücksichtigen?

11. In welchen Phasen verläuft die GRID-Organisationsentwicklung?

2.5 Strategiemodelle der Organisations-
entwicklung

Bei der Planung von OE-Projekten muß schließlich die Frage beant-
wortet werden, an welcher Stelle im Unternehmen mit der Einleitung
von OE-Interventionen begonnen werden soll. Grundsätzlich stehen
fünf taktische Möglichkeiten zur Verfügung (Comelli, 1985):

Einführungsstrategien

1. Top-down-Strategie

2. Basis-upwards-Strategie

3. Bi-polare-Strategie

4. Keil-Strategie

5. Multiple-nucleus-Strategie

Bei der **Top-down-Strategie** nimmt der OE-Prozeß seinen Anfang bei
der Organisationsspitze, um sich dann von dort aus durch die Hierar-
chie bis auf die unterste Ebene des Unternehmens fortzusetzen.

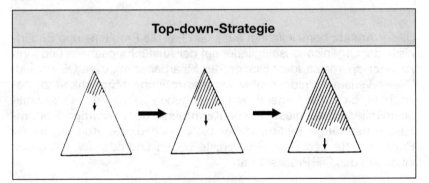

Top-down-Strategie

Top-down-Strategie

Abbildung 15

Aufgrund der **Konzentration der Macht** in der Unternehmensspitze
läßt die Strategie eine **gute Prozeßsteuerung** zu. Die Probleme wer-
den von dort angegangen, wo die Verantwortung für das gesamte Un-
ternehmen liegt und die notwendigen Kompetenzen vorhanden sind.
So können **Entwicklungsperspektiven** erarbeitet werden, deren Aus-
führung dann durch die unteren Ebenen erfolgt.

Die **Top-down-Strategie** ist die **am häufigsten angewandte Verfah-
rensweise**, da sie dem Top-Management die beste **Kontrolle** ermög-
licht und man sich derjenigen Einflußstrukturen bedient, denen auch
sonst alle übrigen Abläufe der Organisation unterliegen. Im Hinblick
auf den Leitsatz der Organisationsentwicklung, „**Betroffene zu Betei-
ligten zu machen**", ist anzumerken, daß auch hinter den oberen Hier-

Gute
Kontrollmöglichkeit

archien **Menschen mit Gefühlen** und Ängsten stehen, die ebenfalls Zeit benötigen, um sich neuen Gedanken aufzuschließen. Somit ist die **Abwärts-Strategie nicht** zwangsläufig eine **reine Machtstrategie**. Die oberen Hierarchien können davon überzeugt sein, daß Veränderungen bei der Spitze ansetzen und zunächst dort vorgelebt werden müssen. Erst wenn dies sichergestellt ist, wird die nächsttiefere Ebene einbezogen.

Bei der **Basis-upwards-Strategie** nimmt der Veränderungsprozeß bei der **Organisationsbasis** seinen **Anfang**, von wo aus er sich dann hinauf zur Organisationsspitze bewegt.

Basis-upwards-
Strategie

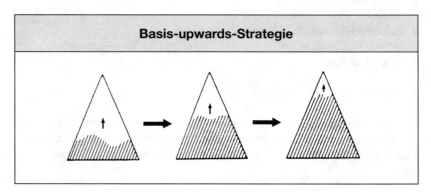

Basis-upwards-Strategie

Abbildung 16

Dieser **Ansatz** berücksichtigt auf jeden Fall die Probleme und Bedürfnisse der Organisationsmitglieder auf der Ausführungsebene und führt zu einer optimalen Identifikation der Mitarbeiter mit dem OE-Projekt. Dieser Verlauf ist jedoch eher als **theoretische Möglichkeit** zu betrachten, da in der Regel davon auszugehen ist, daß den Organisationsmitgliedern auf dieser Ebene **Kenntnisse über wichtige Systemzusammenhänge fehlen**. Daher bietet sich dieses Konzept in der Praxis nur für begrenzte Problemstellungen und/oder für Teilphasen innerhalb des OE-Prozesses an.

Die dritte Variante ist die **Bi-polare-Strategie**, die eine Verbindung der oben dargestellten Ansätze herstellt. Sie wird daher auch als „**Sandwich-Strategie**" bezeichnet. Der OE-Start findet gleichzeitig an der Spitze und an der Basis der Organisation statt, wodurch ein **beschleunigtes Ausbreiten des OE-Prozesses** möglich wird.

Der **Nachteil dieses Ansatzes** liegt darin, daß sich das **mittlere Management** oft **eingeengt** und **übergangen** fühlt, was schnell zu Konflikten führen kann. Zu bedenken ist auch, daß durch diese Verfahrensweise das mittlere Management von der „**Pionierphase" ausgeschlossen** wird, was bedeutet, daß ein enormes Potential an Sachverstand im Planungsstadium nicht genutzt wird.

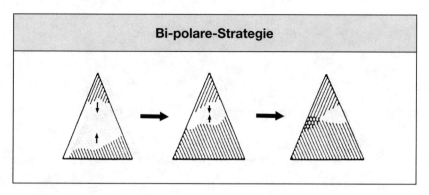

Bi-polare-Strategie

Abbildung 17

Die **Keil-Strategie** konzentriert sich auf den Mittelbau des Unternehmens.

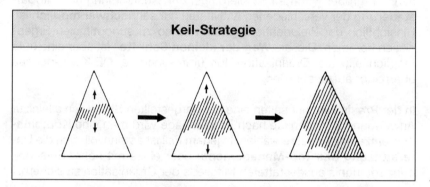

Keil-Strategie

Abbildung 18

Diese Strategie wird häufig dann angewandt, wenn die **oberste Ebene nicht** für das Konzept der OE **zu gewinnen** ist. Man wendet sich darunterliegenden Hierarchieebenen, insbesondere dem **mittleren Management**, zu. **Ziel** ist, daß sich der OE-Prozeß sowohl nach oben als auch nach unten ausbreitet. Hervorzuheben ist, daß Mitarbeiter der mittleren Organisationsebene sowohl intensiven Kontakt mit den praktischen Problemen „vor Ort" als auch mit dem Top-Management haben. **Schwierigkeiten** können sich dann ergeben, wenn es auch nach längerer Zeit nicht gelingt, das Top-Management für den OE-Ansatz zu gewinnen.

Der letzte Ansatz wird als **Multiple-nucleus-Strategie** bezeichnet. Es werden **keine** besonderen **Prioritäten** gesetzt. Der Veränderungsprozeß wird an verschiedenen Stellen im Unternehmen eingeleitet, wodurch auftretende Schwierigkeiten an der Stelle gelöst werden, wo sie sichtbar werden.

Multiple-nucleus-
Strategie

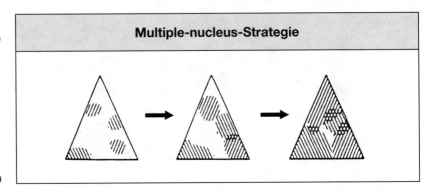

Multiple-nucleus-Strategie

Abbildung 19

Gute Beteiligungs-
möglichkeiten

Ein klarer **Vorteil dieser Strategie** ist, daß **Mitarbeiter**, die an Veränderungen interessiert sind, sich **unverzüglich** am Prozeß **beteiligen** können. Ein großer **Nachteil** ist allerdings, daß Abstimmung und **Globalsteuerung** der verschiedenen Aktivitäten nur sehr **schwer möglich** ist. Hinsichtlich der Zielorientierung kann es so zu suboptimalen Ergebnissen kommen. Dieser **„Weg der kleinen Schritte"** ist aber eine gute Möglichkeit, die Organisation für umfassendere OE-Konzeptionen überhaupt aufzuschließen.

In der **Praxis** wird nur selten eine der dargestellten Strategien allein zur Anwendung kommen. Je nach Problemlage wird man eine **Kombination einzelner Ansätze** wählen. In jedem Fall ist es sinnvoll, sich die **Unterstützung des Top-Managements** oder eines mit hoher Entscheidungsbefugnis ausgestatteten Mitglieds der Organisation zu sichern.

Die in diesem Kapitel erläuterten **Komponenten der Organisationsentwicklung** sind in Abbildung 20 auf der gegenüberliegenden Seite noch einmal systematisch zusammengestellt.

Arbeitsaufgaben

1. Welche taktischen Möglichkeiten zur Einleitung von OE-Interventionen gibt es?

2. Welche Vor- und Nachteile lassen sich den einzelnen Strategien zuordnen?

3. Welche Kriterien sind für die Wahl eine OE-Strategie maßgebend?

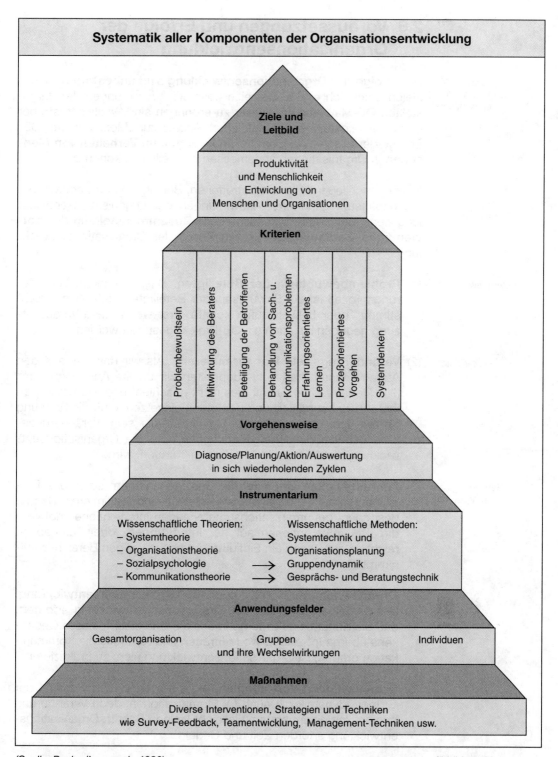

Systematik aller Komponenten der Organisationsentwicklung

Ziele und Leitbild

Produktivität
und Menschlichkeit
Entwicklung von
Menschen und Organisationen

Kriterien

- Problembewußtsein
- Mitwirkung des Beraters
- Beteiligung der Betroffenen
- Behandlung von Sach- u. Kommunikationsproblemen
- Erfahrungsorientiertes Lernen
- Prozeßorientiertes Vorgehen
- Systemdenken

Vorgehensweise

Diagnose/Planung/Aktion/Auswertung
in sich wiederholenden Zyklen

Instrumentarium

Wissenschaftliche Theorien:
– Systemtheorie
– Organisationstheorie
– Sozialpsychologie
– Kommunikationstheorie

Wissenschaftliche Methoden:
Systemtechnik und
Organisationsplanung
Gruppendynamik
Gesprächs- und Beratungstechnik

Anwendungsfelder

Gesamtorganisation   Gruppen   Individuen
und ihre Wechselwirkungen

Maßnahmen

Diverse Interventionen, Strategien und Techniken
wie Survey-Feedback, Teamentwicklung, Management-Techniken usw.

(Quelle: Becker/Langosch, 1990)

Abbildung 20

2.6 Voraussetzungen und Erfolge der Organisationsentwicklung

Erfolge der
Organisations-
entwicklung

Die **Erfolge der Organisationsentwicklung** sind **unbestritten**, wenngleich empirisch exakte Beweise über die Auswirkungen der dargestellten OE-Maßnahmen schwer zu erbringen sind. Vielleicht ist aber gerade ein „naturwissenschaftlicher" Ansatz zur „Messung" der OE-Erfolge der falsche Weg, um **Veränderungen im Verhalten von Menschen** in Organisationen angemessen beurteilen zu können.

Voraussetzungen

Bevor abschließend die von Betroffenen, Beteiligten und Beobachtern am häufigsten genannten Auswirkungen der Organisationsentwicklung behandelt werden, zunächst eine **Zusammenstellung der notwendigen Bedingungen** für den Erfolg der Organisationsentwicklung.

Problembewußtsein

(1) **Problembewußtsein der Beteiligten**. Basis für jeden Veränderungsprozeß ist ein Bewußtsein der Beteiligten, daß etwas „nicht stimmt" oder besser laufen könnte. Erst wenn diese Voraussetzung gegeben ist, kann ein OE-Projekt gestartet werden.

Zieldefinition

(2) **Veränderungsziele klar formulieren**. „Als wir das Ziel aus den Augen verloren hatten, verdoppelten wir unsere Anstrengungen" (Huckleberry Finn). Damit dies nicht geschieht und alle Beteiligten ihre Kräfte koordiniert und gebündelt einsetzen, muß die Richtung für die Veränderung für alle Beteiligten klar sein. Veränderungsziele geben Orientierung und helfen, daß die Organisationsentwicklung nicht für verdeckte Ziele mißbraucht wird.

Beteiligung der
Führungsspitze

(3) **Führungsspitze einbeziehen**. Das Management sollte das Projekt durch seine Teilnahme unterstützen und legitimieren. Das ist besonders bei organisationsumgreifenden Interventionen notwendig. Bei Interventionen auf der Intergruppen- oder Teamebene reicht es aus, wenn ein Einflußträger des jeweiligen Bereiches teilnimmt.

(4) **Organisation muß „reif" sein für Organisationsentwicklung**. Der partizipative Ansatz der Organisationsentwicklung erfordert, daß die Kultur eines Unternehmens die Umsetzung dieses Gedankens überhaupt zuläßt. Wo Mißtrauen und Kontrolle die Kommunikation prägen, ist Organisationsentwicklung nicht zu praktizieren.

(5) **Organisationen dort abholen, wo sie stehen**. Das Postulat der Gruppendynamik gilt auch für Organisationen. Jede Veränderung beginnt mit einem ersten, vielleicht kleinen Schritt. Organisationsentwicklung erfordert Zeit und Geduld.

(6) **Kontinuität der Köpfe**. Für die Zeit des geplanten OE-Projektes sollte sichergestellt sein, daß der Veränderungsprozeß nicht durch einen Wechsel von Personen in wichtigen Funktionen oder durch Umstrukturierungen gestört wird.

Kontinuität des Prozesses

(7) **OE-Prinzipien müssen akzeptiert werden**. Als partizipatives Modell „lebt" Organisationsentwicklung von Offenheit und Vertraulichkeit der Beteiligten im Umgang miteinander. Die Anerkennung dieser „Spielregeln", insbesondere durch die Entscheidungsträger, ist eine entscheidende Erfolgsvoraussetzung.

Anerkennung der Spielregeln

(8) **Begleitung durch einen OE-Berater**. Es hat sich in der Praxis bewährt, einen entsprechend ausgebildeten externen Berater hinzuzuziehen. Er ist den organisatorischen Zwängen weniger stark unterworfen und kann daher mehr wagen.

Prozeßbegleitung

(9) **Gründliche Problemdiagnose**. Die Lösung für ein Problem muß passen, wie der „Schlüssel zum Schloß". Die Analyse der Problemsituation ist daher die unabdingbare Basis für eine optimale Maßnahmenplanung.

Problemdiagnose

(10) **Kleine Schritte planen**. Die Schritte des OE-Prozesses sollten nicht zu groß geplant werden, da sonst „Belohnungen" der Beteiligten durch Teilerfolge zu lange auf sich warten lassen und die Durchhaltekraft zu stark strapaziert wird.

Strategie der „kleinen Schritte"

Sind diese Voraussetzungen erfüllt, führt Organisationsentwicklung zu folgenden **Ergebnissen**:

Ergebnisse

• Durch positive Erfahrungen der Beteiligten in der Zusammenarbeit verändert sich der Führungsstil in Richtung zu **mehr Mitarbeiterorientierung**.

• Das **Klima** in ganzen Bereichen **verbessert sich**. Dies wirkt sich positiv auf die Zusammenarbeit in und zwischen Gruppen aus.

• Die **Qualität der Kommunikation** auf der Sach- und Beziehungsebene **nimmt zu**. Konflikte werden nicht mehr „unter der Decke" gehalten, sondern positiv gelöst.

• Die Beteiligten sind **offener gegenüber Feed-Back** und den damit verbundenen Lerneffekten.

• Die **Einstellung der Mitarbeiter** zu Veränderungen **wandelt sich**. Veränderungen werden als Chance und Herausforderung betrachtet. Durch kooperatives Vorgehen reduzieren sich die Durchsetzungswiderstände gegenüber Neuerungen zum Teil erheblich.

- Die verstärkte Beteiligung der Betroffenen führt zu **ausgewogene-ren Entscheidungen** und zu einem **Rückgang der Fehlerquote** und des **Fehlerrisikos**.

- Die **Problemlösefähigkeit** der Organisation **nimmt zu**, da die menschlichen Ressourcen besser genutzt werden.

- Die **Identifikation der Mitarbeiter** mit der Organisation und deren Zielen **nimmt zu**. Mehr Zufriedenheit und größeres Engagement sind die Folge.

Alle Ergebnisse lassen sich letztlich subsummieren unter die gemeinhin bekannten Auswirkungen von Partizipation – was nicht verwundert, da Organisationsentwicklung eine partizipative Methode der Veränderung darstellt (Comelli, 1993).

Arbeitsaufgaben

1. Welche Muß- und welche Soll-Postulate lassen sich für OE-Projekte formulieren?

2. Welche Ergebnisse stellen sich ein, wenn Organisationsentwicklung erfolgreich verlaufen ist?

3. Warum lassen sich die Auswirkungen erfolgreicher Organisationsentwicklung nicht in der Bilanz einer Bank ablesen?

3 Personalentwicklung

3.1 Personalwirtschaftliche Aspekte der marktorientierten Reorganisation des Bankbetriebes

Felix Klein ist seit 18 Jahren im Hause der Altus Bank tätig und leitet seit 12 Jahren eine Filiale mit jetzt 22 Mitarbeitern. Die geschäftliche Entwicklung verlief bisher zufriedenstellend. Seit kurzem aber gibt es Probleme. Im Privatkundengeschäft werden die Zielvorgaben – bisher immer überschritten – nicht mehr erreicht. Im Gespräch mit seinem Vorgesetzten begründet Klein die Situation mit der zunehmenden Konkurrenz der Mitbewerber. Seine Kundenberater seien wie bisher bemüht, jeden Kunden zufriedenzustellen. Sein Vorgesetzter hingegen ist der Meinung, daß die Kundenberater zu wenig marktbezogen arbeiten und die gewandelten Anforderungen für einen erfolgreichen Vertrieb noch nicht nachvollzogen hätten. Für die A-Kundenberater müsse die individuelle Problemlösung im Vordergrund stehen. Der fachliche Schwerpunkt liege im ganzheitlichen Management der langfristigen persönlichen Vorsorge des Kunden. Für Standard-(B-Kunden-)Berater sowie für Kundenberater im Mengengeschäft (C-Kunden) hingegen müsse die kundengerechte Kombination von Standardleistungen der Angebotspalette im Vordergrund stehen. A- und B-Kundenberater müßten zudem stärker potential- und holgeschäftsorientiert agieren. Klein solle sich darum bemühen, bei seinen Mitarbeitern die hierzu notwendigen methodischen und sozial-kommunikativen Handlungskompetenzen zu entwickeln. Er selbst solle sich stärker in der Personalführung, vor allem in der Motivation, Selbstorganisation und als fachlicher Sparringspartner seiner Kundenberater engagieren.

Die **Entwicklungen im Kreditgewerbe** haben bereits in den letzten Jahren zu einem nachhaltigen **Wandel in der Personalstruktur** der Banken geführt. Verstärkte Marktzentrierung, die Anwendung neuer Informationstechnologien und das sehr dynamische geschäftspolitische Umfeld haben die Aufgaben und Arbeitsabläufe stark verändert. Dieser Prozeß wird sich weiter fortsetzen. Die **Fähigkeiten der Mitarbeiter** werden in vielen Bereichen des Bankgeschäfts immer **weniger** von **Routinetätigkeiten** und immer stärker von komplexen Aufgabenstellungen beansprucht. Folge dieser Entwicklung ist eine deutliche **Veränderung der Qualifikationsstruktur** der Beschäftigten. Die folgende Abbildung zeigt, daß die Zahl hochqualifizierter Arbeitsplätze gestiegen ist und weiter wachsen wird.

Wandel in der Personalstruktur

Veränderte Qualifikationsstruktur

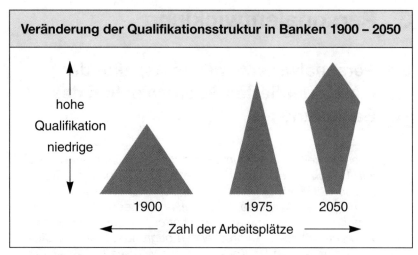

Veränderung der Qualifikationsstruktur in Banken 1900 – 2050

hohe
Qualifikation
niedrige

1900   1975   2050

◄──────── Zahl der Arbeitsplätze ────────►

Abbildung 21

(Quelle: Priewasser, 1987)

Gewandelte
Tarifgruppenstruktur

Die **veränderten Tätigkeitsschwerpunkte** der Bankmitarbeiter finden ihren Ausdruck auch in einer **gewandelten Tarifgruppenstruktur**. Im Vergleich zum Jahr 1980 ist der Anteil von Mitarbeitern mit einfachen Tätigkeiten in den ersten drei Tarifgruppen bis heute kontinuierlich von 16 % auf unter 7 % zurückgegangen. Der Anteil des mittleren Tarifbereichs (Tarifgruppe 4 bis 6) hat sich im gleichen Zeitraum von rund 60 % auf 50 % reduziert. Der obere Tarifbereich (qualifizierte Beratungstätigkeiten) hingegen ist mit einer Zunahme von 24 % auf über 40 % stark gestiegen. Der Trend zu höherqualifizierten Funktionen zeigt sich auch im außertariflichen Bereich, der im betrachteten Zeitraum von 10 % auf ca. 15 % angewachsen ist.

Große Anforderungen
an die Personalpolitik

Diese Entwicklung stellt große **Anforderungen an die Personalpolitik** von Banken, das heißt an Personalbeschaffung und Sicherung des Mitarbeiterpotentials, insbesondere jedoch an Aus- und Fortbildung, Entwicklung und Motivation.

Wesen des Bank-
geschäfts unverändert

Neue Strategien und Technologien haben nun allerdings das **Wesen des Bankgeschäfts nicht verändert**, im Gegenteil eher noch deutlicher werden lassen. Um konkrete **Ansatzpunkte** für eine **Personalpolitik** von Banken ableiten zu können, die die angestrebte marktorientierte Reorganisation des Unternehmens Kreditinstitut sachdienlich unterstützt, ist dieser Zusammenhang genauer zu betrachten.

Bankgeschäfte sind
Kontaktgeschäfte

Bankgeschäfte waren immer **Kontaktgeschäfte**, werden es stets bleiben und sind es durch den Übergang zu neuen Managementkonzepten und den breiten Einsatz der modernen Technologie vielleicht mehr denn je. Schecks, Kreditverträge und Wertpapiere sind wohl konkret unterlegte Bankdokumente, im Prinzip ist aber jedes Bankgeschäft ein überwiegend **abstraktes Finanzarrangement**, das Erklärung,

Beratung und Entscheidungshilfe verlangt und **persönliche Kommunikation** voraussetzt. So kann jede Bank nur so gut sein, wie ihre Repräsentanten den Kunden gegenüber als kompetent, vertrauenswürdig und sympathisch agieren.

Der Markterfolg ist heute und in Zukunft ganz entscheidend vom Können und Engagement der **Mitarbeiter** abhängig. Nur wenn es gelingt, genügend Mitarbeiterinnen und Mitarbeiter zu entwickeln, die **fachlich kompetent** sind, sich **mit den geschäftlichen Zielen** ihrer Bank **identifizieren** und für die Kunden auch **komplexe finanzielle Probleme kreativ und schnell lösen** können, kann der Wettbewerb erfolgreich bestanden werden. Zieht man überdies in Betracht, daß die Unternehmung Bank seit jeher personalintensiv arbeitet, fällt dem **Personal** eine **Schlüsselrolle** zu. Die Personalkapazität limitiert oder öffnet den Erfolgsspielraum, hat das Gewicht des entscheidenden Unternehmenssubstanzwertes.

Erfolg im Wettbewerb hängt vom Können und Engagement der Mitarbeiter ab

Das **Anforderungsprofil** ist nun aber für alle Bankenmitarbeiterinnen und -mitarbeiter **umfangreicher** und **anspruchsvoller** geworden.

Anspruchsvolles Anforderungsprofil

Die moderne Bankkauffrau und der moderne Bankkaufmann müssen sich auf ein fachübergreifendes, profund angelegtes Wissen auf jeweils aktuellem Kenntnisstand stützen. Dies betrifft gleichermaßen den hochqualifizierten Spezialisten in den Stabsabteilungen oder in innovativen Geschäftsbereichen wie den Generalisten in der Beratung, von dem der Kunde Finanzservice aus einer Hand erwartet. Was angesichts einer immer stärkeren Kundenorientierung neben solidem Wissen erwartet wird, sind Eigenschaften, die unter den Begriffen methodische und soziale Kompetenzen diskutiert werden.

Zur **methodischen Kompetenz** zählt z. B. die Fähigkeit, **Probleme systematisch lösen** zu können. Beruhte die Überlegenheit des Kreditfachmanns in der Vergangenheit weitgehend darauf, daß er in vielen Jahren durch die Bearbeitung Hunderter von Engagements ein Gespür für kritische Einzelfälle entwickelt hatte, können heute schon junge Mitarbeiter ohne diese Erfahrung mit Hilfe **DV-unterstützter „intelligenter" Warnsysteme** in gleicher Weise kompetent handeln. Gespür und Intuition werden sicher auch weiterhin eine Rolle spielen, aber die systematische **Analyse als Entscheidungsvorbereitung** ist tendenziell auf dem Vormarsch.

Methodische Kompetenz

Zur **sozialen Kompetenz** gehören im **Außenbereich**: Kommunikationsfähigkeit, Einfühlungsvermögen und Flexibilität, um dem individuellen Bedarf des Firmen- oder Privatkunden gerecht werden zu können. Im **Innenbereich** äußert sich soziale Kompetenz vor allem durch Kooperationsbereitschaft und Teamfähigkeit.
(Siehe hierzu auch aus diesem Kompendium das Fachbuch „Schlüsselqualifikationen aktiv trainiert" von Professor Dr. Martin Grote.)

Soziale Kompetenz

Anspruchsvolle Anforderungen an Führungskräfte

Auch die **Anforderungen an Führungskräfte** sind anspruchsvoller geworden. **Neue Technologien** an den Arbeitsplätzen lösen zunehmend bestehende hierarchisch orientierte Formen der Zusammenarbeit auf und führen zur **Teamarbeit**. Durch den normalen Umgang mit **Datenverarbeitung am Arbeitsplatz** in Form von Personalcomputern oder Endstellensystemen mit Großrechnerkoppelung können sich die Mitarbeiter wichtige Informationen unabhängig von ihren Führungskräften beschaffen. Sie können autonomer und schneller planen und sicherer entscheiden. Für Führungskräfte wird damit ein **Führen mit Informationsvorsprüngen immer weniger möglich**. Aufsicht und Kontrolle können in der altgewohnten Form nicht mehr praktiziert werden. Statt anzuordnen und zu überwachen müssen Führungskräfte Diskussionen mit Mitarbeitern kreativ und systematisch leiten können und die Suche nach gemeinsamen Lösungen fördern. Sie sind aufgefordert, umzudenken und umzulernen, wenn sie ihrem Führungsauftrag unter den veränderten Bedingungen weiterhin gerecht werden wollen. **Qualifizierte Mitarbeiter** müssen **kooperativ geführt** werden. Komplexere Bankgeschäfte und spezialisierte Tätigkeiten verlangen eine stärkere **Integrationskraft** und **Koordinationsfähigkeit**.

Wandel im Führungsstil

Gefragt ist Persönlichkeit der Mitarbeiter

Festzuhalten ist, daß die Veränderungen im geschäftlichen Umfeld der Banken und die strategischen Antworten der einzelnen Institute hierauf zu neuen Anforderungen geführt haben, die sich auf den gemeinsamen Nenner bringen lassen: Nicht Wissen allein, sondern auch die **Persönlichkeit der Bankenmitarbeiter** ist **gefragt**.

Gefühl der Überforderung

Die mit dem Übergang zu stärker marktorientierten Managementansätzen verbundenen tiefgreifenden Veränderungen führen erfahrungsgemäß bei vielen **Mitarbeitern** und **Führungskräften** zu einem **Gefühl der Überforderung** und zu einer ablehnenden Haltung gegenüber den neuen Konzepten. Die Implementierung marktorientierter Managementansätze wird im personalintensiven Bankgeschäft daher weniger durch neue Strukturen und Prozesse, als vielmehr von der mentalen Änderungsbereitschaft der betroffenen Mitarbeiter geprägt und getragen.

Herausforderung an das Personalmanagement

*„Vor diesem Hintergrund werden die ... **Herausforderungen an das Personalmanagement** sich primär darauf ausrichten, wie die den Strukturwandel begleitenden Personal(veränderungen) zu managen sind, d. h. insbesondere darauf, die Mitarbeiter weiterzuentwickeln und auf die neuen Strukturen vorzubereiten."* (Benölken/Wings, 1994; Hervorhebungen von Grote)

Personalmanagement als „change agent"

Das **Personalmanagement** nimmt im Veränderungsprozeß eine zentrale Rolle ein. Vom Rollenverständnis her muß es als **„change agent"** fungieren. Beim geplanten organisatorischen Wandel muß das Personalmanagement helfen, die **Ziele** der Organisation zu **identifizieren**, die Erarbeitung inhaltlicher Strategien und Taktiken zur **Problemlösung unterstützen** und Kontakt halten zu den am Wandel beteiligten und vom Wandel betroffenen Personen. Im Rahmen von **Prozessen der Organisationsentwicklung** muß es Lernsituationen für die Betroffenen schaffen, die dazu dienen, diese für eine selbstverantwortliche Steuerung des Veränderungsprozesses zu qualifizieren.

Lernsituationen schaffen

Während das betriebliche **Personalwesen** noch vor einigen Jahren vorwiegend Verwaltungs- und Planungsaufgaben wahrnahm, muß es heute und besonders in Zukunft **gestaltende Managementaufgaben übernehmen**, mit dem Ziel, die **„Human-Ressources" als unternehmerischen Erfolgsfaktor** zu sichern und weiterzuentwickeln.

Personalwesen als gestaltende Managementaufgabe

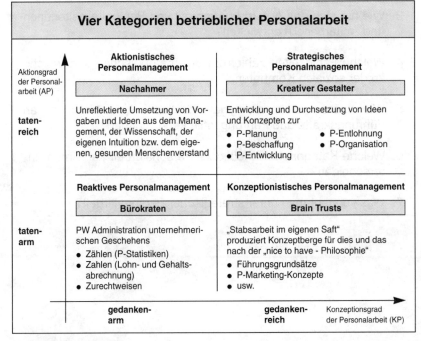

(Quelle: Becker, 1994)

Abbildung 22

*„Anzustreben ist generell ... eine strategische **Personalarbeit**, die als ,kreativer Impulsgeber' und als **Umsetzungsinstanz** Ideen generiert, diese in operationale Konzepte transformiert und schließlich die Umsetzung der Konzepte in praktische Personalarbeit sicherstellt. Die **Personalverantwortlichen** müssen **Vordenker** und **Vormacher** sein. Strategische Personalarbeit heißt, Herausforderungen anzunehmen und **Chancen zu nutzen.** " (Becker, 1994; Hervorhebungen von Grote)*

Strategische Personalarbeit

Von herausragender Bedeutung ist insbesondere eine **professionelle**, Bank- und Mitarbeiterinteressen gleichermaßen berücksichtigende **Personalentwicklungspolitik**. Personalentwicklung im modernen Bankbetrieb muß darauf gerichtet sein, die **Handlungskompetenz von Mitarbeitern** und der gesamten Organisation zu **erhöhen**, d. h.

Professionelle Personalentwicklungspolitik

sie muß die **Deckung des qualitativen Personalbedarfs** und die damit verbundene Persönlichkeitsentwicklung einzelner Mitarbeiter, von Mitarbeitergruppen, ganzen Organisationseinheiten bis hin zum gesamten Unternehmen sicherstellen (Meier, 1992).

Arbeitsaufgaben

1. Wodurch ist der Wandel in der Personalstruktur im Kreditgewerbe gekennzeichnet?

2. Welche Anforderungen stellt eine moderne Personalentwicklung an die Personalpolitik?

3. Wie hat sich das Anforderungsprofil von Bankmitarbeiterinnen und -mitarbeitern entwickelt?

4. Welche Fähigkeiten zählen zu der methodischen und welche zu der sozialen Kompetenz?

5. Wie lassen sich die „gewandelten" Anforderungen an Führungskräfte und Führungsstile kennzeichnen?

6. Welche Kategorien betrieblicher Personalarbeit kann man unterscheiden?

7. Was versteht man unter strategischer Personalarbeit?

3.2 Personalentwicklung (PE) als Unternehmensstrategie

Der Arbeitsdirektor der Altus Bank hielt vor kurzem einen Vortrag vor zahlreichen Führungskräften sowie den Personalleitern seines Hauses. Das Thema lautete: „Strategieorientierte Personalentwicklung". Einleitend beleuchtete er kurz die Wettbewerbssituation der Banken und skizzierte die geschäftsfeldorientierte Reorganisation des eigenen Instituts. Ausführlich widmete er sich anschließend dem Thema Personalentwicklung. Auffällig sei, so sein Credo, daß besonders die großen Institute sehr aufwendige PE-Maßnahmen durchführen würden. Seinen Beobachtungen zufolge ginge es bei den Qualifizierungsbemühungen allerdings nicht darum, den Mitarbeitern noch mehr Seminare anzubieten, sondern die PE-Aktivitäten unter ökonomischen Gesichtspunkten gezielt auf jene Bereiche zu konzentrieren, die den geschäftlichen Erfolg einer Bank tatsächlich beeinträchtigen bzw. fördern. Er forderte die Personalleiter auf, die PE-Aktivitäten in ihrem Zuständigkeitsbereich künftig ebenfalls stärker strategisch auszurichten. Gegenstand der PE-Strategien müsse die Abgrenzung zentraler Ziel- und Aktionsfelder unter Berücksichtigung ihrer wesentlichen Erfolgspotentiale sein. An die anwesenden Führungskräfte gerichtet stellte er fest, daß Personalentwicklung auch zentrale Aufgabe aller Vorgesetzten sei. Die Personalleiter sollten sich daher um eine stärkere Dezentralisierung der Aktivitäten bemühen. Sie selbst müßten sich als „change agents" begreifen und die Altus Bank zu einer „learning company" entwickeln.

Orientierungsfall

Personalentwicklung (PE) ist vor diesem Hintergrund als **umfassendes Konzept der Einwirkung auf Mitarbeiter** und Mitarbeitergruppen definiert. **Ziel** ist, die Qualifikationen aufzubauen bzw. weiterzuentwickeln, die die Mitarbeiter benötigen, um ihre beruflichen Aufgaben in der Bank dauerhaft erfüllen zu können. Personalentwicklung ist die systematisch vorbereitete, durchgeführte und kontrollierte Förderung der Anlagen und Fähigkeiten der Mitarbeiter in Abstimmung mit ihren Erwartungen und den Veränderungen der Arbeitsplätze und Tätigkeiten in der Bank. Personalentwicklung kommt damit die schwierige Aufgabe zu, zwischen den an ökonomischen Kategorien orientierten **Zielsetzungen der Bank** und den **persönlichen Zielen**, Erwartungen und Bedürfnissen der Mitarbeiter zu vermitteln. Angesichts des rasanten Strukturwandels im Bankgewerbe wird daher gerade gegenwärtig häufig gefordert, Personalentwicklung solle **Zielkompatibilität** schaffen. Dies ist jedoch in der Praxis in toto kaum zu leisten.

Einwirkung auf Mitarbeiter

Vermittler zwischen Bank- und Mitarbeiterinteressen

Personalentwicklung als Ergebnis ausgehandelter Kompromisse

„Für die Gestaltung der Konzepte und Instrumente der Personalentwicklung ist es daher hilfreich, das **Harmonisierungsideal fallenzulassen** *und* **Personalentwicklung** *als* **Ergebnis ausgehandelter Kompromisse***, unbeabsichtigter Einflußfaktoren und Handlungsbeschränkungen anzusehen."* *(Meier/Schindler, 1991; Hervorhebungen von Grote)*

Strategische Ausrichtung aller Aktivitäten

Aus den vielfältigen Aufgaben und Zielen der Personalentwicklung läßt sich als zentrale Dimension die **strategische Ausrichtung** aller Aktivitäten ableiten. In Anlehnung an Ulrich (1978) läßt sich der Begriff „Strategie" zunächst folgendermaßen fassen: Strategien konzentrieren sich im Rahmen von Willensbildungs- und Durchsetzungsprozessen auf das „Wie". Damit sind angesprochen: die grundsätzlichen Vorgehensweisen zur Erreichung der unternehmenspolitischen Ziele sowie allgemeine Verfahrensrichtlinien zur Erreichung dieser Unternehmensziele. Strategien sind deshalb integraler Bestandteil des Unternehmenskonzeptes. Diesem vorgelagert sind Entscheidungen über Ziele und Leistungspotentiale.

Strategische Entscheidungen zur Personalentwicklung sind damit nicht nur Aufgabe einer der Unternehmensstrategie nachgelagerten funktionalen Teilstrategie. Vielmehr sind sie **untrennbar verbunden** mit den Inhalten der konstitutiven Entscheidungen zu allgemeinen **Unternehmenszielen**.

Strategische Personalentwicklung

Abgrenzung von zentralen Ziel- und Aktionsfeldern

Strategische Personalentwicklung hat sich auf die Realisierung des sozialen Unternehmenskonzepts bei Gewinnung, Einsatz und Erhaltung des personellen Potentials zu konzentrieren. **Gegenstand dieser Strategien** ist die **Abgrenzung von zentralen Ziel- und Aktionsfeldern** unter Berücksichtigung ihrer wesentlichen **Erfolgspotentiale** mit dem Ziel einer langfristigen **Evolution**. Leitpläne, Grundsätze und Richtlinien, die Zuordnung von Ressourcen, die grundsätzliche Gestaltung von PE-Instrumenten sowie die organisatorische Ordnung der dazu erforderlichen Funktionen bilden dabei den wesentlichen **Instrumentenkatalog**.

Vor diesem Hintergrund soll nun die Positionierung einer strategieorientierten Personalentwicklung im Bankbetrieb anhand einiger zentraler **Leitsätze** und **Aktionsfelder** konkret verdeutlicht werden.

> (1) Personalentwicklung in einer Bank ist immer auch Personalentwicklung für die Bank.

Mit diesem Leitsatz sind zwei, für die gesamte Personalentwicklung wesentliche Aspekte angesprochen:
- die Bedarfsorientierung,
- die Erfolgskategorien.

Nicht alles, was in einer Bank als verbesserungsfähig angesehen wird, muß tatsächlich von der Personalentwicklung bearbeitet werden. Banken können mit vielen Schwachstellen sehr gut leben. Unter ökonomischen Gesichtspunkten muß sich Personalentwicklung auf jene **Problembereiche konzentrieren**, die den geschäftlichen Erfolg einer Bank tatsächlich beeinträchtigen. Im Wege der **Bedarfserfassung** muß strategisch ausgerichtete Personalentwicklung daher zunächst die wesentlichen **Probleme** und **Erfolgsfaktoren im Personalbereich**, orientiert an der Unternehmensstrategie, **identifizieren**. Hierzu zählt auch die Frage nach wichtigen **Schlüsselpersonen** und **Schlüsselabteilungen**, die gezielt zu entwickeln sind. In bestimmten Entwicklungsphasen sind nicht alle Mitarbeiter gleich wichtig. Strategische Personalentwicklung konzentriert sich daher auf jene Zielgruppen, die Inhaber strategisch bedeutsamer Schlüsselpositionen oder bedeutsamer Abteilungen sind.

Konzentration auf Problembereiche

Identifikation von Schlüsselpersonen und -abteilungen

Der **Aspekt der Erfolgskategorien** berührt anschließend die Frage, welche **Ziele** mit den geplanten PE-Aktivitäten erreicht werden sollen. **Personalportfolios** können helfen, Richtung und Inhalte der Qualifizierungsmaßnahmen zu bestimmen.

Personalportfolios

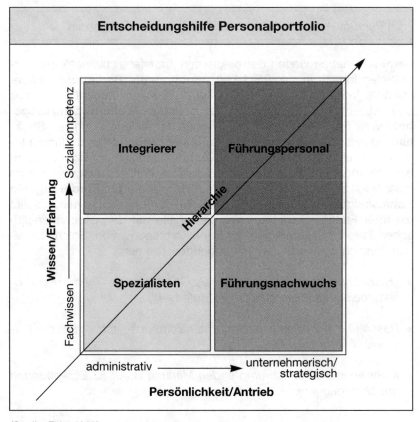

Abbildung 23

(Quelle: Führ, 1989)

Normstrategien   Aus der **Portfolio-Matrix** lassen sich verschiedene **Normstrategien** ableiten:

- Erhöhung der Personalqualität/-quantität in traditionellen Tätigkeitsfeldern (Wachstumsstrategie),

- Ausbau der Belegschaftsstruktur in neuen Tätigkeitsfeldern (Diversifikationsstrategie),

- Stabilisierung des qualitativen Personalbestandes bei gleichzeitiger Suche nach Rationalisierungspotentialen (Konsolidierungsstrategie) sowie

- Abbau großer Teile der Belegschaft (Eliminierungsstrategie).

Tendenzaussagen möglich   Auch wenn sich **Meßprobleme** im Hinblick auf die „Personalqualität" ergeben, läßt sich doch zumindest im Sinne einer **Tendenzaussage** der aktuellen Belegschaftsstruktur (Ist-Portfolio) eine auf die strategische Planung abgestimmte **Zielkonfiguration** (Soll-Portfolio) gegenüberstellen (Jacobs/Thiess/Söhnholz, 1987).

> (2) Personalentwicklung erschöpft sich nicht in Seminaren.

Abnehmende Bedeutung von Seminaren   **Seminare** haben wegen der bekannten Transferproblematik der vermittelten Inhalte in der PE-Arbeit **abnehmende Bedeutung**. Insbesondere Veranstaltungen mit bloßem „Bildungsverdacht" sind aus dem Katalog der PE-Aktivitäten zu streichen. **Weiterbildungsangebote** vom Typ „Supermarkt" sind wegen der fehlenden inneren Struktur und Ausrichtung konsequent zu überarbeiten, denn sie führen lediglich zu einer **Aufblähung der Kosten**. Natürlich kommt Personalentwicklung nicht ohne Seminare aus. Das Weiterbildungsprogramm einer Bank sollte jedoch zu einer **bedarfsorientierten Förderung von Schlüsselqualifikationen** beitragen. In der Angebotsstruktur sollte ein roter Faden erkennbar sein, die Inhalte mit den geschäftspolitischen Zielen und Strategien der Bank korrespondieren. Solche Seminare beschäftigen sich z. B. mit folgenden Themen:

Bedarfsorientierte Förderung von Schlüsselqualifikationen

- *„Hierarchiefreie Kommunikation als Grundlage der Team- und Projektarbeit (statt: Kommunikation Stufe I – III).*

- *Rasch und sicher entscheiden unter Zeitdruck (statt: Arbeitstechniken für Führungskräfte).*

- *Mehr Verkaufen in schrumpfenden Märkten (statt: 33 Einwandarten gezielt begegnen).*

- *Entwicklungszeiten drastisch reduzieren durch ... (statt: Moderation von Brainstorming-Gruppen)." (Eicher, 1994)*

Personalentwicklung kann auf einen **umfangreichen Katalog von Maßnahmen** zur Qualifizierung der Mitarbeiter zurückgreifen.

*„Dazu gehören eine Vielzahl unterschiedlicher aufgabenorientierter organisierter Lernprozesse, bei denen der Mitarbeiter Kenntnisse erwirbt, die er direkt an seinem Arbeitsplatz umsetzen kann. Daneben gibt es aber auch eine ganze Reihe von **personenorientierten Entwicklungs**- und **Veränderungsprozessen**, die das Potential eines Mitarbeiters entwickeln, ohne daß zum Zeitpunkt der Qualifizierung feststeht, in welcher speziellen Funktion dieser Mitarbeiter später seine Qualifikation verwertet." (Stiefel, 1991; Hervorhebungen von Grote)*

Aufgabenorientierte Lernprozesse

Personenorientierte Entwicklungsprozesse

> (3) Personalentwicklung ist mentalitätsverändernde Entwicklungsarbeit.

Es wurde bereits darauf hingewiesen, daß die Implementierung marktorientierter Organisationsstrukturen wesentlich von der mentalen **Änderungsbereitschaft der Bankenmitarbeiter** geprägt und getragen wird. Personalentwicklung muß daher längerfristige **Entwicklungsprozesse auslösen**, die es den Mitarbeitern erlauben, die strategische Marschrichtung der Bank kennenzulernen, sich mit ihr auseinanderzusetzen und Verhaltensweisen zu entwickeln, die die Umsetzung von Strategiekomponenten am Arbeitsplatz möglich machen. Verkäuferisches Denken und Handeln von Mitarbeitern kann nicht „befohlen" oder „angeordnet" werden. Es kann nur dann entstehen, wenn die Mitarbeiter Gelegenheit erhalten, über die Ist-Kultur ihres Unternehmens, die angestrebte Soll-Kultur und ihr Rollenverhalten als Ausdruck der Strategieumsetzung an ihrem Arbeitsplatz reflektieren zu können.

Personalentwicklung braucht „langen Atem"

> (4) Personalentwicklung ist Aufgabe aller Führungskräfte.

Die **Realisierung** einer strategisch orientierten Personalentwicklung ist – gerade bei zunehmender Dezentralisierung – **ohne die Führungskräfte nicht machbar**. Diese Gruppe – sie umfaßt etwa 6 bis 10 % der Belegschaft – wurde in der Vergangenheit aufgrund ihrer hohen fachlichen Kompetenz in Leitungsfunktionen befördert. Spezielle **Kenntnisse und Erfahrungen** in bezug auf Personalentwicklung sind in der Regel nicht oder **kaum vorhanden**. Niemand kennt jedoch die Anforderungen des jeweiligen Arbeitsplatzes und die Defizite bzw. Bedürfnisse der Mitarbeiter besser als die unmittelbaren Vorgesetzten.

Personalentwicklung ist ohne Führungskräfte nicht machbar

Führungsleitsätze

Die **Führungsleitsätze** der meisten Banken enthalten inzwischen die **Forderung an die Führungskräfte**, regelmäßig und systematisch den **Entwicklungsbedarf** ihrer Mitarbeiter zu ermitteln, **Lernprozesse** und -stationen zu planen, vor- und nachbereitende Gespräche anläßlich einer Bildungsmaßnahme zu führen und den **Lerntransfer** vor allem durch Integration von Seminarschulung bzw. Informationsaufenthalten bei anderen Stellen am Arbeitsplatz sicherzustellen. Aber wie sieht die Praxis aus?

Führungskräfte sind weder vorbereitet noch motiviert

Die meisten **Führungskräfte** konzentrieren sich auf die strategische Gestaltung der Aufgaben der von ihnen geleiteten Organisationseinheit. Mangels transparenter und systematischer Informationen zur Bedeutung der Personalentwicklung für das Gesamtunternehmen sind sie für eine übergeordnete Sichtweise **weder vorbereitet noch motiviert**. Hinsichtlich besonders förderungswürdiger Mitarbeiter empfinden viele Führungskräfte zudem einen **Interessenkonflikt**. Die besten Mitarbeiter möchten sie für sich behalten. Die Bereitschaft, gute Leute zu entwickeln, um sie dann für den Einsatz an anderen strategisch wichtigen Stellen im Unternehmen abzugeben, ist leider noch die Ausnahme.

Interessenkonflikt

Appell an die Verantwortung hilft nicht

Um zu vermeiden, daß Führungskräfte ihren Entwicklungsauftrag nicht wahrnehmen, „mauern" und gute Mitarbeiter aus egoistischen Interessen „verstecken", hilft der **Appell an die Verantwortung** des Einzelnen für die Belange des Gesamtunternehmens erfahrungsgemäß wenig. Eine **Verhaltensänderung** wird sich erst einstellen, wenn das **Management** jedes Instituts dafür sorgt, daß über alle Hierarchiestufen hinweg **Führungskräfte** über die Bedeutung der strategischen Personalentwicklung informiert und für die entsprechende Umsetzung vor Ort qualifiziert werden. Führungskräfte, die gute Mitarbeiter entwickeln und für andere Unternehmensbereiche „freigeben", sollten darüber hinaus materiell und ideell honoriert werden.

„Belohnung" guter Personalentwickler

---

(5) PE-Strategien mit Mitarbeitern diskutieren.

Als Folge entsprechender **Unternehmenstraditionen** sehen sich die Mitarbeiter in Unternehmen selten in einer aktiven Rolle. Einer empirischen Studie (BDA, 1983) zufolge würden sich nur etwa 12 % der Mitarbeiter und Führungskräfte selbst um die **Lösung eigener Konflikte** bemühen. Die überwiegende Mehrzahl würde sich auf Vorgesetzte und Betriebsräte verlassen. Diese „**Untertanenmentalität**" ist, wie im Kapitel über Organisationsentwicklung dargestellt, Ergebnis eines langen **Lernprozesses**. Die marktorientierten Managementansätze der Banken erfordern nun aber in toto den engagierten und selbstgesteuerten Einsatz der Mitarbeiter bei der Lösung betrieblicher Aufgaben und Probleme. Das gilt auch für die Realisierung von PE-Konzepten.

Untertanenmentalität

Die **Mitarbeiter** müssen **rechtzeitig** und vollständig über die PE-Ziele und Aktivitäten auf individueller und kollektiver Ebene **informiert** werden, damit diese deren strategische Bedeutung kennen und die **Konzepte im eigenen Tätigkeitsbereich** überhaupt umsetzen können. Hinzukommen muß, daß die Führungskräfte ihren Mitarbeitern deutlich machen, daß sie selbst **mitverantwortlich** sind **für die eigene Entwicklung**, daß selbstgesteuertes, permanentes Lernen im Sinne eines erfolgreichen **Selbstmanagements** zu ihren Pflichten gegenüber der Bank zählen.

Umfassende und rechtzeitige Information der Mitarbeiter

---

(6) Personalentwicklung arbeitsplatznah durchführen.

Strategieumsetzende Personalentwicklung findet nicht mehr vorwiegend in organisierten Lernprozessen „off-the-job", d.h. in Seminaren, sondern zunehmend „on-the-job" bzw. „near-the-job" statt. Das **Lernen** muß mehr und mehr **dezentralisiert** und **konkretisiert** werden. Dazu bedarf es neuer Formen des Lernens. So kann die **Förderung wichtiger Schlüsselqualifikationen** wie unternehmerisches Denken und Handeln, vernetztes Denken, Kommunikations- und Problemlösungsfähigkeit usw. nur gelingen, wenn das Lernen am **Grundsatz „Erleben und Erfahren"** orientiert ist. Die Fähigkeit von Mitarbeitern, Probleme selbständig lösen zu können, setzt nicht nur voraus, daß diese erkennen, wo in ihrem Tätigkeitsfeld Soll-Ist-Abweichungen bestehen, sondern fordert ebenso die Kenntnis rationaler Problemlösungstechniken und die Fähigkeit, diese anzuwenden. Die Mitarbeiter müssen an ihrem Arbeitsplatz mit Situationen konfrontiert werden, die **Problemlöseverhalten** fordern. Noch ein Beispiel: Wenn von Führungskräften erwartet wird, daß sie ein Team zielorientiert führen können, dann müssen die Nachwuchskräfte im Rahmen ihrer Vorbereitung auf Führungsaufgaben auch regelmäßig Gelegenheit erhalten, z.B. kleine Projektgruppen zu leiten, um die notwendigen **sozialen Fähigkeiten zu trainieren**.

Dezentrales und konkretes Lernen

Förderung von Schlüsselqualifikationen durch „Erleben und Erfahren"

Problemlöseverhalten fordern

Im **Mittelpunkt einer modernen Personalentwicklung** steht nicht mehr das „Faktenlernen", sondern das **„Verhaltenslernen"**. Ausbilder und **Trainer** müssen daher ein **verändertes Rollenverständnis** haben. Nicht mehr die Stoffvermittlung im Unterricht, sondern Hilfestellung und **Anwendungsberatung vor Ort** sowie die Organisation und Moderation selbständiger Lernprozesse ist ihre Aufgabe. Sie müssen die **Mitarbeiter anregen**, sich Kenntnisse und Fertigkeiten selbständig zu erarbeiten, Lern- und Arbeitstempo selbst zu regulieren und auch den Lernerfolg an selbst gesetzten Maßstäben zu kontrollieren. Moderne Ausbilder und Trainer begreifen sich selbst als **Entwicklungspartner** der Mitarbeiter.

Verhaltenslernen

Anwendungsberatung vor Ort

Trainer sind Entwicklungspartner

(7) Personalentwicklung ist Laufbahn- und Lebensplanung.	

Eine strategieumsetzende Personalentwicklung im Bankbetrieb darf sich nicht darauf beschränken, die Mitarbeiter „nur" für die Anforderungen des jeweiligen Arbeitsplatzes zu qualifizieren. Die **längerfristig**

Laufbahngestaltung **angelegte Entwicklung** von Mitarbeitern muß auch die **Laufbahngestaltung** bzw. -planung **berücksichtigen**. Die Laufbahnplanung orientiert sich einerseits am Mitarbeiter, d. h. an dessen Kenntnissen und Fähigkeiten, andererseits an einer zeitlich und inhaltlich sinnvollen **Verknüpfung von Arbeitsaufgaben**. In Banken ergeben sich z. B. unterschiedliche Entwicklungsmöglichkeiten von Mitarbeitern für eine kundenorientierte Zielposition, z. B. Kunden- und Stabsorientierung, Zentral- und Niederlassungsorientierung oder Spezialist mit Fachlauf-

Beruflicher bahn. Personalentwicklung sollte darüber hinaus den **beruflichen Le-**
Lebenszyklus **benszyklus** eines Mitarbeiters begleiten. Den idealtypischen Verlauf zeigt die folgende Abbildung 24.

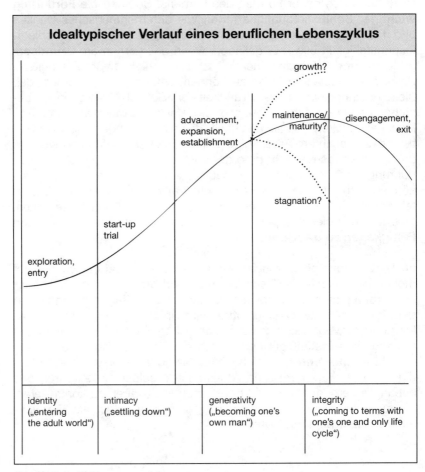

Abbildung 24

(Quelle: Hall, 1976)

Menschen in Organisationen durchlaufen bestimmte **berufliche Lebensphasen**: Eintritt und Einleben in eine Organisation, expansive Sturm- und Drangphase, Reifungsphase, später der Übergang auf ein Entwicklungsplateau, eventuell noch ein weiteres Wachstum und schließlich der Austritt aus der Organisation, die Ruhephase.

Die **individuellen Phasen** sind **unterschiedlich** stark ausgeprägt. Bei dem einen Mitarbeiter gehen sie reibungslos ineinander über, ohne daß Komplikationen entstehen, bei einem anderen entstehen kritische Situationen des Übergangs, bei denen die Personalentwicklung gefordert ist und eine Lösung finden muß.

Individuelle Lebensphasen sind unterschiedlich

Lebenszyklusorientierte Personalentwicklung wird z. B. eine **systematische Einführung neuer Mitarbeiter** vornehmen. Ziel ist, die Identifikation mit der Bank und der Aufgabe zu fördern, die Unternehmenskultur verständlich zu machen und das Potential des neuen Mitarbeiters zu ermitteln.

Einführung neuer Mitarbeiter

Die **Vorbereitung auf den Ruhestand**, auf Wunsch mit Beteiligung des Partners, ist ein weiteres Beispiel einer ganzheitlichen, den Lebenszyklus eines Mitarbeiters berücksichtigenden Personalentwicklung (Sattelberger, 1989).

Vorbereitung auf den Ruhestand

Als letztes Beispiel sei die **Betreuung von Mitarbeitern und Führungskräften in der Lebensmitte** genannt. Privat und beruflich situiert, aber ohne weitere Karriereperspektive, erleben viele eine Krise, die um Fragen der Werteorientierung in der Arbeit und um generelle Sinnfragen des eigenen Tuns kreisen. Diese auch als **„Midlife-crisis"** bezeichnete Phase führt häufig zu Leistungseinbußen. Hier liegt ein wichtiges Feld künftiger Personalentwicklung, das direkt an der **Motivation** des einzelnen anknüpft. Sinnfragen, Wertereflexion, Wertewandel, Ausbalancieren von Beruf und Privatleben, Verarbeitung von Erfolg und Mißerfolg und ein Stück Berufs- und Lebensplanung sind in der Lebensmitte Themen nicht nur der Mitarbeiter, sondern auch der Führungskräfte (Hirth/Sattelberger/Stiefel, 1985).

Betreuung in der Lebensmitte

Motivation

> (8) Personalentwicklung berücksichtigt verhaltensbeeinflussende Umfeldfaktoren.

Das Verhalten von Mitarbeitern wird von einer Vielzahl unterschiedlicher Einflußgrößen geprägt. **Wesentliche Einflußfaktoren** für das **Leistungsverhalten** von Mitarbeitern in der Bank sind die **personalpolitischen Instrumentarien**, z. B. das Beurteilungssystem, das Belohnungs- und Förderungssystem sowie viele andere Führungsinstrumente, die in der Bank eingesetzt werden. **Strategieumsetzende Personalentwicklung** überprüft daher auch die vorhandenen **Instru-**

Personalpolitisches Instrumentarium

Klare Anforderungen und Aufstiegskriterien

mente und richtet sie gegebenenfalls neu aus. Personalentwicklung muß z. B. dafür sorgen, daß bei den Mitarbeitern Klarheit existiert über **Anforderungen und Aufstiegskriterien**. Desweiteren muß Personalentwicklung Transparenz herstellen bei **Mitarbeiterauswahl** und Beurteilung. Von den Methoden her reicht das Angebot von der traditionellen Beurteilung, über Zielsetzungsgespräche bis zum PE-Seminar als internem Assessment Center. Die Mitarbeiter müssen die **Beurteilungskriterien** kennen. Vor allem müssen sie den Sinn einer Beurteilung verstehen. In der Praxis leider weit verbreitet ist die Auffassung, die Beurteilung sei ein Disziplinierungsinstrument. Hier muß Personalentwicklung ansetzen und Mitarbeitern und Führungskräften deutlich machen, daß die angewandten **Beurteilunssysteme Entwicklungs-** und **Förderungsinstrumente** darstellen, die Führungskräften und Mitarbeitern helfen, Entwicklungsrichtungen und -inhalte von PE-Maßnahmen bestimmen zu können.

Beurteilungssysteme sind Entwicklungsinstrumente

Verhaltensproduzierendes Umfeld

Strategieorientierte Personalentwicklung *„setzt ganz gezielt bei der* **Gestaltung des verhaltensproduzierenden Umfelds** *an und fragt sich, wie auf den Mitarbeiter eingewirkt werden kann, nicht indem neue Qualifikationen direkt vermittelt werden, sondern indem das Umfeld so gestaltet wird, daß diese Qualifikationen vom Mitarbeiter durch die Systeme erworben werden können."* (Stiefel, 1991; Hervorhebung von Grote)

> (9) Personalentwicklung fördert die Entwicklung von schwer imitierbarem Know-how.

Komparative Vorteile

Der intensive **Wettbewerb unter den Kreditinstituten** zwingt jedes Haus dazu, sich auf die eigenen Stärken und **komparativen Vorteile** zu besinnen. Auf dieser Basis muß Personalentwicklung dazu beitragen, die vorhandenen **Potentiale zu identifizieren** und jene **Kompetenzen** bei den Mitarbeitern **aufzubauen**, die mittel- und langfristig zu einer **Wettbewerbsdifferenzierung** beitragen. In der Finanzdienstleistung liegen schwer imitierbare Kompetenzen künftig primär in der Fähigkeit der Mitarbeiter, sich zu entwickeln und in der Organisation zu lernen, sich relativ friktionslos und mit geringer Reaktionszeit an neue Situationen und Gegebenheiten anzupassen oder diese Situationen und Gegebenheiten zu antizipieren (Stiefel, 1988). Anders formuliert: *„Eine Spezies kann nur überleben, wenn die Lerngeschwindigkeit gleich oder höher ist als die Änderungsgeschwindigkeit der Umwelt."* (Flik, 1986)

Wettbewerbsdifferenzierung

Entwicklungs- und Lernfähigkeit der Mitarbeiter

Humanpotentiale

Banken müssen sich künftig stärker auf ihre **Humanpotentiale** konzentrieren, das eigene Unternehmen als „**Lernende Organisation**" definieren und die „**Lernkultur**" fördern.

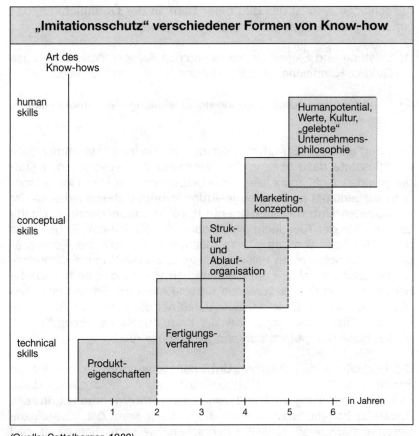

„Imitationsschutz" verschiedener Formen von Know-how

Abbildung 25

(Quelle: Sattelberger, 1989)

(10) Personalentwicklung muß Unternehmenskultur prägen.

Banken produzieren weitgehend **homogene Dienstleistungen**, bei denen der Verbraucher Leistungsunterschiede kaum wahrnehmen kann. Ein **Vergleich der Angebote** einzelner Institute im Firmen- und Privatkunden-, Wertpapier- und Auslandsgeschäft zeigt, daß diese **inhaltlich fast identisch** sind. Die Produkte allein bieten heute und wohl erst recht in Zukunft nur noch wenig Möglichkeiten, sich den Mitbewerbern gegenüber zu profilieren oder zu differenzieren, wie es bei Konsumgütern oft noch möglich ist. Hinzu kommt, daß neue **Produkte** – Stichwort Finanzinnovationen – **nicht durch Patente geschützt**, leicht kopierbar sind und daher ein Vorsprung im Markt nur kurzfristig zu halten ist. Der **Wettbewerb im Kreditgewerbe** ist heute weniger durch Produktkonkurrenz als vielmehr durch eine **Institutskonkurrenz** gekennzeichnet, d. h. die Kunden entscheiden sich mehr und mehr instituts- denn produktbezogen.

Homogene Dienstleistungen

Institutskonkurrenz statt Produktkonkurrenz

Bild in der
Öffentlichkeit

Ausschlaggebend ist das **Bild einer Bank in der Öffentlichkeit**, das von zwei Faktoren besonders stark geprägt wird:

(1) Leistung und Sicherheit der gebotenen Anlagemöglichkeiten des Geldes, Konditionen und Beweglichkeit bei Kreditvergabe.

(2) Beobachtete und/oder erfahrene Einstellung des Kreditinstitutes zum Kunden.

Unternehmensidentität

Orientiert an dieser Erwartungshaltung der Kunden gehen immer mehr Kreditinstitute dazu über, in ihrer **Werbung** die verschiedenen Kundengruppen nicht mehr allein produktbezogen zu informieren, sondern ausgerichtet an den **Image-Anforderungen** Besonderheiten der individuellen **Unternehmensidentität zu kommunizieren**. So hatte bereits Mitte der 70er Jahre die Dresdner Bank mit ihrem Slogan „Das grüne Band der Sympathie" ihre Identität in symbolischer Form präsentiert. Es sollte einen Willkommensgruß an die Kunden darstellen, die Einladung zu einer ganz persönlichen Beratung, eine freundliche Bedienung und das Versprechen für eine moderne Banktechnik zum Ausdruck bringen. Ende der 80er Jahre hat die Bank ihre Werbelinie dann modifiziert und gegenüber der Komponente der Freundlichkeit die fachliche Kompetenz stärker nach vorne gerückt.

Unternehmenskultur

Die Bedeutung des Themas „**Unternehmensidentität**" liegt für die Banken mit Blick auf die Wettbewerbssituation also zunächst darin, daß zur Profilierung im Markt zunehmend **unternehmenskulturelle Spezifika** kommuniziert werden müssen mit dem Ziel, eine eigene Unternehmenspersönlichkeit zu erreichen, die so einzigartig ist, daß daraus eine starke Bindung der angestrebten Zielgruppen an das eigene Unternehmen resultiert.

Übereinstimmung von
Werbeaussage und
Verkaufsbotschaft

Eine Bank, die ihr Image erfolgreich beeinflussen will, muß als Voraussetzung das Wissen um die Zusammenhänge zur eigenen Unternehmensidentität mitbringen. Die durch die **Werbung übermittelten Informationen** und die durch den **Verkäufer überbrachte Verkaufsbotschaft** müssen von den Kunden als **übereinstimmend erlebt** werden. Ob allerdings die Mitarbeiter eines Instituts aus Sicht der Kunden – wie in der Werbung oft versprochen – kompetent, vertrauenswürdig und sympathisch wahrgenommen werden, hängt entscheidend davon ab, welche Unternehmenskultur in der Bank besteht und wie diese gestaltet wird.

Beziehungen der
Mitarbeiter

In der Unternehmenskultur kommt nicht nur die Beziehung der Mitarbeiter nach außen zu den Kunden, sondern vor allem die **Beziehungen der Mitarbeiter untereinander** zum Ausdruck. *„Definiert als System gemeinsam getragener und gelebter Wertvorstellungen und Überzeugungen, enthält der Begriff ‚Unternehmenskultur' auch einen **Auf-***

trag, nämlich die **Leitbilder** ... *(von Banken) und Mitarbeitern in Ein-
klang zu bringen. Der* **Personalentwicklung** *kommt in diesem Prozeß
eine* **Schlüssel- und Mittlerrolle** *zu"* (Rüttinger, 1986; Hervorhebungen von Grote) – sie transportiert und entwickelt Unternehmenskultur.

Die **Kultur einer Bank** gibt den **Rahmen** an, innerhalb dessen sich Personalentwicklung bewegen muß. Daraus erwachsen folgende **Fragen**:

Kultur als Rahmen für
Personalentwicklung

- *„Wie prägt Kultur Personalentwicklung? Oder auch: Wie kann Personalentwicklung Kultur bewußt pflegen und tradieren?*

- *Welche Form der Personalentwicklung paßt zur Kultur des Unternehmens? Oder auch: Wie stark muß Personalentwicklung an die
  aktuell existierende Unternehmenskultur angepaßt werden?*

- *Was an Personalentwicklung kann man der Kultur eines Unternehmens zumuten? Oder auch: Gibt es faktische Grenzen von Personalentwicklung?"* (Sattelberger, 1989)

Strategieorientierte Personalentwicklung muß also die **Ist-Kultur**
in einer Bank **respektieren** und deren Regeln, Normen und Werte zu
den Mitarbeitern „**transportieren**".

Personalentwicklung
muß Ist-Kultur
respektieren

Eine systematische Klärung der Wertvorstellungen in der Bank und
der anschließende Vergleich mit den geschäftspolitischen Absichten
des Instituts, d. h. der angestrebten Soll-Kultur, kann aber auch Inkon-
gruenzen zu Tage fördern. Hieraus folgt eine weitere Frage:

- *„Wo muß die Unternehmenskultur selbst weiterentwickelt werden,
  wenn es die Unternehmensentwicklung erfordert, und welches ist
  dann der Beitrag der Personalentwicklung? Oder auch: Wo muß
  Kultur angepaßt werden?"*

Personalentwicklung
muß Kulturentwicklung
betreiben

Insofern muß Personalentwicklung *„... auch mutig neue Wege der Kulturentwicklung beschreiten, auch wenn dies in Grenzland und Ambi-
guität führt."* (Sattelberger, 1989)

Arbeitsaufgaben

1. Wie läßt sich Personalentwicklung vor dem Hintergrund eines „gewandelten Bankenmarktes" definieren?

2. Inwieweit obliegt der Personalentwicklung eine Vermittlerrolle?

3. Was versteht man unter strategischer Ausrichtung aller PE-Aktivitäten?

4. Welche zentralen Leitsätze und Aktionsfelder einer strategischen Personalentwicklung lassen sich unterscheiden?

5. Was versteht man unter einem Personalportfolio, und welche Normstrategien lassen sich daraus ableiten?

6. Wodurch läßt sich eine bedarfsorientierte Förderung von Schlüsselqualifikationen am ehesten erreichen?

7. Welche Aufgaben haben Führungskräfte innerhalb der Personalentwicklung?

8. Wie sollte „Lernen" im Sinne moderner Personalentwicklung organisiert werden?

9. Wie sieht der idealtypische Verlauf eines beruflichen Lebenszyklus aus?

10. Wie kann Personalentwicklung dazu beitragen, daß ein Kreditinstitut komparative Vorteile gegenüber Mitbewerbern erzielt?

11. Welche Wechselwirkungen existieren zwischen Personalentwicklung und Unternehmenskultur?

3.3 Organisation der Personalentwicklung

Orientierungsfall

Die **Aufgaben der Personalentwicklung** sind vielfältig und im Einzelfall nur unter Berücksichtigung der geschäftlichen und personellen Situation einer Bank konkret zu bestimmen. Zunächst einige **Leitlinien**, an denen Personalentwicklung in jeder Bank orientiert werden sollte.

Leitlinien für Personalentwicklung

Grundlegend für den Erfolg von **Personalentwicklung** ist, daß sie in einer Bank **anerkannt** und **akzeptiert** wird. Dies gilt nicht nur für die Vorstände eines Hauses, sondern für alle Mitarbeiter, die mit Personalentwicklung in Kontakt kommen. Wenn eine Bank ein PE-Konzept realisieren will, empfiehlt es sich, frühzeitig Mitarbeiter, Führungskräfte, vor allem die Belegschaftsvertretungen (Betriebsrat, Sprecherausschuß der Leitenden) über die **PE-Ziele** zu informieren und sie auch bei der Erstellung des Konzepts mit einzubinden. In der Regel existieren bei den **Beteiligten unterschiedliche Vorstellungen** über Ziele und Inhalte der Personalentwicklung. Sie sollten daher Gelegenheit erhalten, ihre Auffassungen schon bei der **Konzeptentwicklung** einzubringen. So bleibt eine Bank vor Überraschungen verschont, wenn es im späteren Verlauf z. B. darum geht, ein Beurteilungssystem oder ein spezielles Entwicklungsprogramm für den Führungsnachwuchs zu realisieren, denn diese Maßnahmen berühren Mitwirkungs- und Mitbestimmungsrechte des Betriebsrates.

Voraussetzung für Erfolg von Personalentwicklung

Information über PE-Ziele

Jede Bank sollte sich daher zunächst darum bemühen, daß **Personalentwicklung** von allen Beteiligten *„als **unternehmerische Aufgabe** und als **Chance für die Mitarbeiter** zur persönlichen und fachlichen Entwicklung betrachtet wird"* (Meier, 1992; Hervorhebungen von Grote).

Personalentwicklung als unternehmerische Aufgabe und Chance für Mitarbeiter

Neben der übergreifenden Aufgabe, Mitarbeiter und Führungskräfte im Sinne der „**Learning Organization**" für permanentes Lernen zu motivieren, lassen sich drei **Aufgabenbereiche für die Personalentwicklung** abgrenzen:

Vermittlung von Wissen

Die **erste Aufgabe** besteht in der **Vermittlung von Wissen** auf jeweils aktuellem Kenntnisstand. Durch Seminare und Trainings müssen den Mitarbeitern theoretische und praktische Kenntnisse über Arbeitsabläufe, Sachverhalte und Zusammenhänge vermittelt werden. Dies kann tätigkeitsspezifisch, also auf eine Funktion bezogen, oder tätigkeitsübergreifend geschehen.

Weiterentwicklung zum Können

Die **zweite Aufgabe** der Personalentwicklung besteht darin, das Wissen zu anwendungsbezogenem, funktionsorientiertem **Können** weiterzuentwickeln. Die Mitarbeiter müssen Gelegenheit erhalten, Erfahrungen zu sammeln und sich Fertigkeiten anzueignen.

Entwicklung methodischer und sozialer Kompetenzen

Schließlich muß auch das **Verhalten** der Mitarbeiter **Gegenstand von Lernprozessen** sein. Hier ist der zu Beginn dieses Kapitels kurz vorgestellte Bereich der **methodischen** und **sozialen Kompetenzen** angesprochen. Neben der Vermittlung fachlichen Wissens müssen die Mitarbeiter hinsichtlich ihrer persönlichen Leistungsfähigkeit, z. B. im effektiven und effizienten Umgang mit der Zeit, weiterentwickelt werden. Als Mitglieder eines interaktiven, sozialen Systems ist ihre kommunikative Kompetenz, z. B. in zwischenmenschlichen Beziehungen, zu fördern.

Träger der Personalentwicklung

Es wurde bereits ausgeführt, daß die Erfüllung dieser Aufgaben nicht (mehr) allein in der Verantwortung der Personalabteilung liegt. **Träger der Personalentwicklung** sind ferner der Vorstand einer Bank, alle Führungskräfte, der Betriebsrat und selbstverständlich jeder Mitarbeiter.

Rollenverteilung in der Personalentwicklung

Wie die Verteilung der Aufgaben im Einzelfall vorgenommen wird, ist ebenfalls abhängig von der Situation einer Bank. Die folgende Darstellung (Abbildung 26) der Aufgabenverteilung und des notwendigen Rollenverständnisses der Träger der Personalentwicklung geht von einer idealtypischen Situation aus.

„Spielregeln"

Ein **PE-Konzept** sollte die **Rolle der Beteiligten** in Form von „Spielregeln" klar hervorheben. Personalentwicklung ist nicht nur ein Dienstleistungsangebot der Bank an die Mitarbeiter, sie ist vielmehr ein **Vertrag** mit der Pflicht für alle Beteiligten, Bank und Mitarbeiter in ihrer Entwicklung zu fördern.

Als **Grundinstanz ist der Vorstand** jedes Instituts gefordert, Personalentwicklung aktiv hervorzuheben und mitzugestalten. Er kann von Vorgesetzten und Mitarbeitern nicht erwarten, daß diese aktiv und motiviert Personalentwicklung betreiben und sich selbst heraushalten.

Rollenverteilung in der Personalentwicklung

Verantwortung für Qualität und Förderung der Mitarbeiter

Jeder Mitarbeiter	Der unmittelbare Vorgesetzte	Der nächst-höhere Vorgesetzte	Das Fachressort
für sich selbst (Selbst-steuerung, Eigenini-tiative)	für seine Mitarbeiter (primäre Verant-wortung)	für seine Führungs-kräfte und die Gesamt-organisation	für alle Mitarbeiter und Führungs-kräfte der Sparte

Bildungsbeauftragte

Mitarbeiterförderung:
Unterstützung der Bildungsbeauftragten,
Bereitstellung und Koordination von
Programmen und Maßnahmen

Abbildung 26

(Quelle: Schütte, 1987; zitiert nach Meier, 1992)

Der Vorstand einer Bank muß sich mit **Personalentwicklung als Unternehmensstrategie** identifizieren und **Personalentwicklung konsequent vorleben**; nur so kann in der Bank eine positive Grundeinstellung für Personalentwicklung geschaffen und gepflegt werden (Braun, 1991).

Zu den **Aufgaben des Vorstandes** gehören Entscheidungen über Fragen der Finanzierung und der Budgets, der personellen Organisation und Sachausstattung der Personalentwicklung, die Formulierung von Zeitzielen sowie Entscheidungen über besondere individuelle Fördermaßnahmen.

Die **Führungskräfte** sind die nächste zentrale Instanz für die Realisierung eines PE-Konzepts. Sie sollten so früh wie möglich an der Konzeption beteiligt werden, da sie durch ihre **Mittlerfunktion** zwischen Vorstand und Mitarbeitern für die Personalentwicklung eine **Schlüsselrolle** einnehmen. **Vorgesetzte erfüllen** gegenüber ihren Mitarbeitern eine **Vorbildfunktion**, die Auswirkungen auf den Lernerfolg hat. Die **Einstellung des Vorgesetzten zu Personalentwicklung** ist aus-

Vorstand muß
Personalentwicklung
vorleben

Aufgaben des
Vorstandes

Einbindung der
Führungskräfte

Personalentwicklung ist originäre Führungsaufgabe

schlaggebend für die erfolgreiche Umsetzung des Gelernten in die tägliche Praxis. Personalentwicklung ist deshalb als **originäre Führungsaufgabe** in Stellenbeschreibungen und Beurteilungen von Führungskräften zu verankern (Steidinger, 1991).

Aufgaben der Führungskräfte

Aufgabe der Führungskräfte ist es, bei der strategischen PE-Planung, bei der **Bedarfsermittlung** (z. B. mit Hilfe von Stellenbeschreibungen, Anforderungsprofilen, Mitarbeiterbeurteilungen) und **Zielgruppenbestimmung** mitzuwirken. Darüber hinaus müssen sie ihre **Mitarbeiter** über PE-Ziele und -Maßnahmen **informieren**, sie für Bildungsmaßnahmen **motivieren** und sich bei der Durchführung von PE-Maßnahmen **engagieren**. Sie sind auch verantwortlich für die **Sicherung des Lerntransfers** und für die **Lernerfolgskontrolle** (Guiskamp, 1989).

Rolle der Personalabteilung

Beratungsinstanz und Dienstleister

Personalentwicklung dezentralisieren

Träger der Personalentwicklung in der Bank ist selbstverständlich weiterhin auch die **Personalabteilung** – allerdings mit einer **modifizierten Rolle**. Die Personalfunktion sollte nicht mehr nur administrative Aufgaben wahrnehmen, sondern sich als **innerbetriebliche Beratungsinstanz** begreifen, die die **Dienstleistung Personalentwicklung** ihren „Kunden", den Mitarbeitern und Führungskräften anbietet. Dabei darf **keine Zentralisierung aller PE-Aktivitäten** auf diese Funktion stattfinden. Im Gegenteil ist es **Aufgabe der Personalabteilung,** dazu beizutragen, Personalentwicklung **in alle Unternehmensbereiche** und -hierarchien zu **integrieren**. Personalentwicklung darf nicht zur Routinearbeit und zum Tagesgeschäft verkommen. Genau dies geschieht jedoch, wenn Personalentwicklung ausschließlich als Aufgabe der Personalabteilung begriffen wird. Personalentwicklung wird für Führungskräfte und Mitarbeiter dann leicht zur Alibifunktion, sich selbst immer weniger aktiv mit Qualifizierungsaufgaben zu befassen und diese auf die Personalabteilung zu delegieren. In der Praxis hat dies in vielen Banken zu großen **Trainerbatterien** und regelrechtem **Seminartourismus** geführt.

Je stärker die operativen Aufgaben der **Personalentwicklung dezentralisiert** werden, desto mehr Zeit steht der Personalabteilung für die Beratung von Führungskräften und Mitarbeitern, die Koordination verschiedener Maßnahmen und die strategische Ausrichtung der Personalentwicklung im Sinne einer Förderung der Unternehmensentwicklung zur Verfügung (Riekhof, 1989).

Aufgaben der Personalfunktion

Zu den **Aufgaben der Personalfunktion** in der Bank gehören: Mitwirkung bei der strategischen Planung, Entwurf und Fortschreibung einer PE-Konzeption, Entwicklung von Instrumenten zur PE-Bedarfsplanung, Informationssammlung und -auswertung, Planung von PE-Maßnahmen, Budgetierung, Betreuung oder Durchführung von PE-Maßnahmen sowie deren Koordination und Kontrolle, Förderung der Lernmotivation der Mitarbeiter (Becker, 1991).

Personalentwicklung ist auch **Aufgabe des Betriebsrates**. Das **Betriebsverfassungsgesetz** liefert die rechtliche Grundlage hierzu. Die Betriebsräte haben zahlreiche Informations-, Mitwirkungs- und Mitbestimmungsrechte, die die Personalentwicklung direkt oder indirekt berühren. Grundsätzlich gebietet das Betriebsverfassungsgesetz die **vertrauensvolle Zusammenarbeit zwischen Arbeitgeber und Betriebsrat** (§ 1 BetrVG). Die zahlreichen Regelungen eröffnen ihm Chancen, Gestaltungs- und Qualifizierungsvorschläge einzubringen. Betriebsräte sollten im „Geist des Gesetzes" handeln, d. h. nicht nur Forderungen stellen, sondern die PE-Politik der Bank durch eigene Vorschläge aktiv unterstützen. Dies setzt voraus, daß sie sich fachkundig machen (Steidinger, 1991).

Beteiligung des Betriebsrates

Zu den **Aufgaben des Betriebsrates** zählen im einzelnen: Mitwirkung bei der Bestimmung des PE-Bedarfs und der daraus folgenden PE-Maßnahmen zur Bedarfsdeckung, Wahrnehmung der Rechte bzw. Pflichten des Betriebsverfassungsgesetzes und die Förderung der Lernmotivation der Mitarbeiter.

Aufgaben des Betriebsrates

Schließlich ist jeder **Mitarbeiter Träger der Personalentwicklung**. Vom Rollenverständnis her darf er sich nicht nur als Betroffener von PE-Maßnahmen begreifen, sondern muß sich als **aktiver Prozeßgestalter** an betrieblichen Entwicklungsmaßnahmen beteiligen. Da PE-Maßnahmen Investitionen der Bank in die Qualifikation von Mitarbeitern darstellen, müssen sich diese ihrer **Verantwortung gegenüber der Bank** bewußt werden und dafür sorgen, daß es zu einem „ROI" (Return on Investment) der empfangenen Leistungen kommt.

Rolle einzelner Mitarbeiter innerhalb der Personalentwicklung

Zu den **Aufgaben der Mitarbeiter** zählt die Pflicht, sich über PE-Ziele und -Möglichkeiten der Bank aktiv zu informieren, bei der individuellen Entwicklungsplanung mitzuwirken, sich für die Realisierung der Lernziele am Arbeitsplatz einzusetzen und auch eine permanente Selbstkontrolle bzw. Bewertung der PE-Maßnahmen durchzuführen.

Aufgaben der Mitarbeiter

Das neue Rollenverständnis in der Personalentwicklung muß insbesondere von den **Personalmanagern** der Banken überzeugend vorgelebt werden. Um den notwendigen Veränderungsprozeß in der Bank aktiv mitgestalten zu können, müssen sie aus dem Schatten der Verwaltungsarbeit heraustreten. Dringend erforderlich ist ein **neuer Managertyp im Personalwesen**, vor allem in seinen Führungspositionen. Hier werden zunehmend Führungskräfte gebraucht, die über die dort bislang dominierenden „klassischen" personalwirtschaftlichen Fachkenntnisse hinaus ein **Persönlichkeitsprofil** aufweisen, das den folgenden **Anforderungen** entspricht:

Neuer (Personal-) Managertyp erforderlich

- **Wissen und Verständnis für unternehmensstrategische Fragen.**

Personalentwicklung soll einen Beitrag zur Realisierung unternehmeri-
scher Erfolgspositionen leisten. Dazu benötigen **Personalmanager**
Strategische **Verständnis** und Erfahrung für die Bearbeitung von **Fragen der stra-**
Marschrichtung der **tegischen Marschrichtung** einer Bank. Sie müssen in der Lage sein,
Bank kennen strategische Ziele und Erfolgsfaktoren auf die **Handlungsebene der**
Mitarbeiter zu projizieren. Anschließend sollten sie ein Personalportfolio entwickeln können, das die Stärken und Schwächen der Mitarbeiter klar zum Ausdruck bringt und Anhaltspunkte für Ziele und Inhal-
te von PE-Programmen liefert.

> • **Eloquenz in Wort und Schrift, um strategisch relevante**
> **Sachverhalte adressatengerecht kommunizieren zu können.**

Ein Personalmanager muß strategische Aussagen der Bankleitung an
verschiedene Adressatengruppen weitergeben und die dazu passende Kommunikationsform einsetzen können. Das beinhaltet bei der ei-
Kommunikations-/ nen Adressatengruppe **Präsentationsfähigkeiten**, bei einer anderen
Präsentationsfähigkeit die **Fähigkeit des schriftlichen Ausdrucks** mit einer auf den jeweiligen Kreis ausgerichteten **Verständlichkeit**.

> • **Leitbild der Bank nach außen tragen.**

Repräsentations- **Personalmanager** werden bei ihren zahlreichen bankinternen und
aufgaben -externen Kontakten stets als wesentliche **Repräsentanten des Un-**
ternehmens gesehen. Personalentwickler müssen daher **Träger der**
angestrebten „Soll-Kultur" der Bank sein, d. h. die künftige innere
Qualität ihres Hauses in ihrem Handeln so zum Ausdruck bringen, daß
sie für die Mitarbeiter und Führungskräfte, die noch nicht so weit sind,
zu **„Sozialisationsagenten"** werden. Persönlichkeit und Verhalten der
Personalentwickler sind wesentliche Elemente des internen und externen **Personal-Marketings** (Stiefel, 1991).

> • **Das Geschäft verstehen.**

Zwischen **Personal- und Linienmanagern** herrscht oft ein **gespann-**
tes Verhältnis. Der Grund ist, daß sich Führungskräfte und Mitarbeiter vor Ort von den Personalvertretern nicht immer richtig verstanden
fühlen und/oder daß sie das Gefühl haben, daß ihnen im Kern ihres
Anliegens nicht richtig oder rechtzeitig geholfen wird. Um diese
Mit Fachvertretern **Trennlinie zu überwinden**, muß der **Personalentwickler von mor-**
reden können **gen** mit den Führungskräften im Privat-, Firmenkunden-, Wertpapier-
und Auslandsgeschäft, aber auch mit Führungskräften der bankinter-
nen Bereiche Rechnungswesen und Organisation **besser kommuni-**

zieren können. Er muß sich intensiv in die Situation und das Geschäft der jeweiligen Führungskraft hineindenken können und versuchen, die Hintergründe und Motive eines bestimmten Problems wirklich zu verstehen. Idealerweise **kennt** er die **spezielle Denkkultur** z. B. im Wertpapier- oder im Kreditgeschäft.

Um dies zu erreichen, sollten Personalentwickler in der Bank vor Übernahme von Führungsaufgaben im Personalbereich mehrere Jahre in anderen, vorzugsweise marktnahen Funktionen gearbeitet haben. Damit könnte im Personalwesen die notwendige **Mischung von stabs- und linienorientierten Denkweisen** und Arbeitshaltungen entstehen.

Mischung von stabs- und linienorientiertem Denken

> ● **Im Personalwesen vorbildhaft Veränderungen durchsetzen.**

Strategisch orientierte **Personalentwickler** müssen in Arbeitsstil und Führungsverhalten eine **Vorreiterrolle** übernehmen und von sich genau das verlangen, was sie von den Mitarbeitern fordern. Sie müssen z. B. selbst mobil, d. h. bereit sein, bei Bedarf andere Aufgaben in der Bank zu übernehmen. Die geforderte **Lernmotivation** müssen sie selbst **vorleben**, indem sie Weiterentwicklungen auf den Gebieten Personalführung, Personalentwicklung und Organisationsentwicklung verfolgen. **Die eigenen Mitarbeiter** müssen sie **aktiv fördern**, z. B. indem sie ihnen Aufgaben mit wachsendem Schwierigkeitsgrad zur selbstverantwortlichen Wahrnehmung übertragen.

Personalentwickler sind „Trendsetter"

Schließlich muß sich der Personalentwickler an schnittstellenübergreifenden Team- und Projektarbeiten in der Bank beteiligen. Hier kann und muß er sein die Zusammenarbeit förderndes Know-how, z. B. die Moderationsmethodik, einbringen. Durch die **Mitarbeit an „state-of-the-art"**-Projekten hält er sich selbst fachlich kompetent und entwickelt sich beruflich weiter (Sattelberger, 1989).

Mitarbeit an „state-of-the-art"-Projekten

Das breite Aufgabenspektrum stellt an den Personalentwickler also neben **fachlichen** eine Reihe **persönlicher Anforderungen**, z. B.

Fachliche und persönliche Anforderungen

- qualifizierte Bankausbildung, möglichst ergänzt um eine betriebswirtschaftliche Zusatzausbildung (z. B. Studium zum Diplom-Kaufmann/-Betriebswirt oder zum Bankbetriebswirt bzw. diplomierten Bankbetriebswirt),

- vertiefte Kenntnisse wissenschaftlicher Nebendisziplinen (z. B. Andragogik, Pädagogik, Psychologie),

- praktische Erfahrungen in der Erwachsenenbildung/Beratung,

- kooperative und kommunikative Persönlichkeit,

• Durchsetzungsvermögen,

• Bereitschaft, sich mit den Produkten der Bank auseinanderzusetzen. (Meier, 1992)

PE-Programm

Zur **Organisation der Personalentwicklung** in einer Bank gehört schließlich ein ausgearbeitetes **PE-Programm**. **Ziele** des Programms sind:

• Zweck, Planung, Durchführung und Kontrolle der Personalentwicklung in der Bank ganzheitlich abbilden,

• den Mitarbeitern Aufgaben und Inhalte darstellen,

• Marketing für Personalentwicklung betreiben,

• Mitarbeiter motivieren,

• „einklagbare" Grundlagen für alle Beteiligten schaffen.

Inhalte

Eine Zusammenstellung der **Inhalte eines PE-Programms** zeigt abschließend die folgende Abbildung:

Inhalte eines betrieblichen Personalentwicklungsprogramms

Unternehmensziele und -grundsätze der Personalentwicklung

- Situation des Unternehmens,
- Veränderung/Situation der Umfeldbedingungen,
- Unternehmensphilosophie,
- Grundsätze/Ziele der Personalentwicklung,
- Stellenwert der Personalentwicklung.

Planungsgrundlagen und strategische Handlungsfelder

- Methoden der Bedarfsermittlung,
- wichtige Entwicklungsbedarfe,
- Stellenwert des Entwicklungsbedarfs,
- Strategische Handlungsfelder.

Lernziele und -inhalte

- Grundsätze der betrieblichen Erwachsenenbildung,
- Verhältnis Fach-/Verhaltensqualifikationen,
- Lernformen/-methoden,
- Beispiel für ein Lernziel und eine Lernmethode.

Maßnahmeangebot und Teilnahmemodalitäten

- Schulungsstrategien,
- Entwicklungsangebote für Mitarbeiter, -gruppen, Funktionen, Organisationseinheiten
- Teilnahmebedingungen/Anmeldemodalitäten.

Rolle der Beteiligten

- Grundsatz der Beteiligung aller Träger,
- Aufgabenverteilung.

Organisatorische Rahmenbedingungen

- zeitliche Restriktionen,
- Kosten/Budget,
- Räumlichkeiten,
- Aufbau- und Ablauforganisation,
- Bildungscontrolling,
- Bildungsmarketing.

Abbildung 27

(Quelle: Meier, 1992)

Arbeitsaufgaben

1. Welche Aufgabenbereiche lassen sich in der Personalentwicklung unterscheiden?

2. Wer sind die Träger der Personalentwicklung in der Bank, und welches Rollenverständnis sollte ihrem Handeln zugrundeliegen?

3. Welche besonderen Aufgaben muß die Personalabteilung bei Personalentwicklung wahrnehmen?

4. Welche Aufgaben und Kompetenzen hat der Betriebsrat bei Personalentwicklung?

5. Wie sieht das Anforderungsprofil des modernen Personalmanagers aus?

6. Welche Ziele verfolgt ein PE-Programm?

3.4 PE-Planung

Orientierungsfall

Die Personalleiter der Altus Bank haben die Leitsätze und Aktionsfelder für eine strategische Personalentwicklung entworfen und die Aufgaben der Beteiligten inhaltlich bestimmt. Der Personalvorstand ist mit dem vorgelegten Konzept zufrieden. Er regt an, nun die Planungsinstrumente entsprechend anzupassen; denn für eine erfolgreiche Realisierung des neuen Konzepts sei es notwendig, daß sowohl die Stellenanforderungen als auch die Mitarbeiterpotentiale systematisch erfaßt würden. Bis dato sei die quantitative Personalbestandsplanung in Verbindung mit der Kostenplanung dominierend. Qualitative Aspekte einer PE-Planung kämen zu kurz, eine systematische, abteilungs- und bereichsübergreifende Einsatzplanung fehle ganz. Die existierenden Stellenbeschreibungen und das seit vielen Jahren praktizierte Beurteilungssystem müßten auf den Prüfstand und gegebenenfalls durch neue Instrumente ersetzt werden.

Die mit Personalentwicklung in der Bank verbundenen Aktivitäten beziehen sich auf folgende **Fragenkomplexe**:

Drei Fragen zu Beginn

(1) Welche Mitarbeiter werden zu bestimmten Zeitpunkten benötigt (Personalbedarfsplanung)?

(2) Welche Mitarbeiter sind für bestimmte Aufgaben zu bestimmten Zeitpunkten geeignet (Potentialplanung)?

(3) Wie werden die geeigneten Mitarbeiter gefördert (Bedarfsdeckungsplanung, Entwicklungs- und Beschaffungsplanung)? (Wagner, 1982)

Um diese Fragen beantworten zu können, muß eine differenzierte, zukünftige Entwicklungen berücksichtigende **Informationsbasis** geschaffen werden.

Ziel ist, den **PE-Bedarf** zu bestimmen. Er wird benötigt, um die Diskrepanz zwischen den derzeitigen und künftigen Anforderungen aus Unternehmensstrategien, Stellenanforderungen etc. (**Soll-Qualifikationen**) und den derzeitigen und künftigen Qualifikationen, Defiziten und Wünschen der Mitarbeiter (**Ist-Qualifikationen**) reduzieren zu können.

Ziel: PE-Bedarf bestimmen

Für eine **Personalentwicklung**, die sowohl die **Ziele der Bank** als auch die **Ziele der Mitarbeiter** berücksichtigen will, ist eine **zukunftsbezogene Entwicklungsplanung** ferner notwendig, damit

Zukunftsbezogene Entwicklungsplanung

• die Langfristigkeit und Kontinuität des Entwicklungssystems gewährleistet wird,

- individuelle „Entwicklungskarrieren" für den einzelnen Mitarbeiter sichtbar werden und

- eine Abstimmung individueller Entwicklungsbedürfnisse mit den organisatorischen Zielen erfolgen kann und nicht Qualifikationspotentiale entwickelt werden, die zu schnell veralten bzw. in der Zukunft nicht mehr einsetzbar sind und somit für die Bank Fehlinvestitionen bedeuten und bei den Mitarbeitern Frustration hervorrufen (Strube, 1982).

Ermittlung des
Entwicklungsbedarfs

Die systematische **Ermittlung des Entwicklungsbedarfs** ist in der folgenden Übersicht schematisch dargestellt:

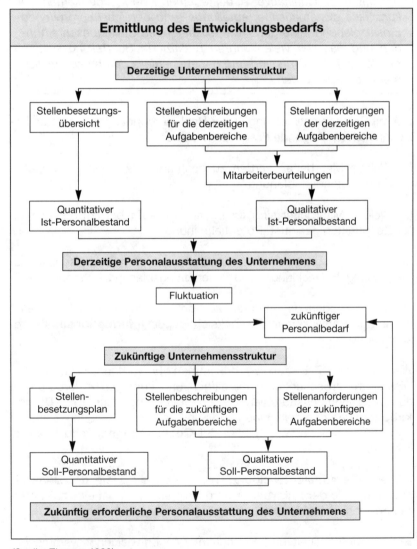

Abbildung 28

(Quelle: Zimmer, 1982)

Bestimmte personalwirtschaftliche Instrumente sind für eine erfolgreiche PE-Planung unabdingbar. Bewährt haben sich insbesondere jene Instrumente, die Mitarbeiter und Führungskräfte als gleichwertige Partner einbeziehen und relativ einfach zu handhaben sind (Meier, 1992):

Instrumente der PE-Planung

Soll	Ist
– Stellenbeschreibungen – Strategieorientierte Funktionsbeschreibungen – Anforderungsprofile	– Beurteilungssysteme – Mitarbeitergespräche

„Stellenbeschreibungen sind ein Hilfsmittel, um die vertikale und horizontale Eingliederung von Stelleninhabern in eine Organisationsstruktur schriftlich zu fixieren." (Schmidt, 1974)

Stellenbeschreibungen

Mit dem **Begriff Stelle** bezeichnet man das Arbeitsgebiet einer gedachten Person mit bestimmter Eignung und bestimmten Arbeitsaufgaben. Stellenbeschreibungen erleichtern die Ermittlung des quantitativen und qualitativen Personalbedarfs.

Stellenbeschreibungen weisen folgende, für die Personalentwicklung wichtige **Informationen** aus:

Wichtige Informationen

• Weisungsbeziehungen (Instanzenbild),

• Informationsbeziehungen (Kommunikationsbild),

• Aufgaben, Befugnisse und Verantwortung (Aufgabenbild),

• Anforderungen an den Stelleninhaber und Bewertungsmaßstab der Stelle (Besetzungsbild),

• unmittelbar unterstellte Mitarbeiter,

• Zielsetzung der Stelle,

• Einzelaufgaben der Stelle,

• Befugnisse des Stelleninhabers,

• Zusammenarbeit mit anderen Stellen,

• Mitarbeit in Ausschüssen, Konferenzen, Gremien usw.,

• Einzelaufträge. (Schmidt, 1974)

Durch die Kenntnis der Ziele, Arbeitsaufgaben und Verantwortlichkeiten werden Reibungsverluste z. B. durch Kompetenzstreitigkeiten, Bewertungs- und Unsicherheitsprobleme der Mitarbeiter verringert.

Das folgende Beispiel verdeutlicht den **Aufbau einer Stellenbeschreibung** (Seibt/Mülder, 1986):

Stellenbeschreibung des Personalleiters einer größeren Bank

I   Stellenbezeichnung: Leiter Personal

II   Dienstrang: Prokurist, Abteilungsleiter

III Unterstellung:
Der Stelleninhaber ist dem für den Innenbetrieb zuständigen Filialleiter unterstellt. Dieser ist auch sein Disziplinarvorgesetzter.

IV   Überstellung:
Ihm sind fachlich folgende Mitarbeiter unterstellt:

A. In Linienfunktion:
   – Ausbildungsleiter
   – Leiter betriebliches Sozialwesen
   – Leiter Personalentwicklung
   – Leiter Personalverwaltung
   – Personalsekretariat

B. In Stabsfunktion:
   – Leiter Arbeitsrecht
   – Leiter Personal- und
     Sozialstatistik

Ihm sind disziplinarisch alle Mitarbeiter der Abteilung einschließlich der Gruppenleiter unterstellt.

V   Ziel der Stelle:
Interne und externe Beschaffung leistungsfähiger Mitarbeiter unter Berücksichtigung der Wirtschaftlichkeit sowie Erhaltung und Förderung der vorhandenen, für die Bank wertvollen und notwendigen Kräfte durch eine sorgfältige und gerechte Personal-, Sozial- und Ausbildungspolitik. Fach- und termingerechte Erledigung der in dem Bereich des Stelleninhabers anfallenden Verwaltungsaufgaben.

VI   Stellvertretung:
a) Er wird im Verhinderungsfall fachlich vom Leiter der Personalverwaltung vertreten.

b) Er vertritt im Verhinderungsfall den Leiter der Personalverwaltung.

VII Aufgabenbereich im einzelnen:

A. In Linienfunktion:

1. Einstellungen, tarifliche Ein- und Umgruppierungen, Entlassungen.

   a) Er entscheidet unter Berücksichtigung des Werbeetats über die Gestaltung von Stellenanzeigen und die zielgruppengerechte Medienauswahl.

   b) Er entscheidet nach Anhören der jeweiligen Vorgesetzten über die Einstellungen, Kündigungen und Entlassungen von Mitarbeitern der Abteilungsleiter.

   c) Er entscheidet über die Einstellung von Auszubildenden.

   d) Er entscheidet über Maßnahmen zur externen und internen Personalbeschaffung im Rahmen des festgelegten Budgets.

   e) Er entscheidet über die tariflichen Ein- und Umgruppierungen von Lohn- und Gehaltsempfängern.

2. Personaleinsatz

   a) Er entscheidet, ausschließlich der Versetzungen von Abteilungsleitern, über Versetzungen innerhalb der Personalabteilung.

   b) Er legt von der allgemeinen Regelung abweichende Arbeits- und Pausenzeiten fest.

3. Personalverwaltung

   a) Er entscheidet über Lohn- und Gehaltsvorschüsse bis zur Höhe eines Monatslohns bzw. Monatsgehalts.

   b) Er entscheidet über Personaldarlehen bis zu einem Betrag von X DM pro Antrag im Rahmen der bestehenden Richtlinien.

   c) Er entscheidet über den Kauf von Fachliteratur auf dem Personalsektor bis zu einem Betrag von X DM pro Jahr.

B. In Stabsfunktion:

1. Er berät die Filialleitung bei allen personellen Grundsatzentscheidungen.

2. Er ermittelt den langfristigen Neu- und Ersatzbedarf an leitenden Angestellten und unterbreitet der Filialleitung Vorschläge zur Bedarfsdeckung.

3. Er schlägt dem für den Innenbetrieb zuständigen Filialleiter (Anfang April und Anfang Oktober) zweimal jährlich Neufestsetzungen von Löhnen und Gehältern vor.

4. Er erarbeitet Richtlinien für die allgemeine Personalpolitik, die Sozialpolitik und die Ausbildungspolitik und legt sie der Filialleitung zur Genehmigung vor.

5. Er erstellt Zeugnisse für ausscheidende Abteilungsleiter und Sekretärinnen seiner Filialabteilung und legt sie der Filialleitung zur Genehmigung vor.

VIII Die sonstigen Aufgaben:
1. Er ist Mitglied der Lehrlingsprüfungskommission der IHK.

2. Er ist Mitglied im Ausschuß für Öffentlichkeitsarbeit.

3. Er pflegt die notwendigen Kontakte zu den Arbeitsämtern.

4. Er pflegt Kontakte zu den Arbeitgeberverbänden.

5. Er pflegt die notwendigen Kontakte zum Betriebsrat und führt mit diesem die nach dem Betriebsverfassungsgesetz für den Personalbereich notwendigen Verhandlungen.

IX Besondere Befugnisse:
1. Er unterschreibt seine Post als Einzelprokurist.

2. Er ist berechtigt, Inlands-Geschäftsreisen bis zu einer Reisedauer von drei Tagen ohne Genehmigung im Rahmen der bestehenden Richtlinien durchzuführen.

3. Er ist nicht an die in der Bank übliche Arbeitszeit gebunden.

4. Er ist berechtigt, notwendige Geschäftsreisen der Abteilungsleiter im Rahmen der bestehenden Richtlinien zu genehmigen.

5. Er entscheidet über Personaldarlehen von mehr als X DM nach Vortrag des Leiters der Personalverwaltung.

X   Anforderungen an den Stelleninhaber:
Er soll folgende Anforderungen erfüllen:
1. Banklehre plus Wirtschafts-, Sozial- oder Rechtswissenschaftliches Studium.

2. Mehrjährige leitende Tätigkeit im Personalwesen.

3. Gute Kenntnisse auf dem Gebiet der Personalverwaltung, des Ausbildungswesens, des Sozialwesens, des Arbeits- und Sozialversicherungsrechts.

4. Überdurchschnittliches Verhandlungsgeschick, Organisationsvermögen, hohes psychologisches Einfühlungs- und Beurteilungsvermögen, ausgeprägte Menschenkenntnis.

5. Hohe psychische Belastbarkeit, hohe Konzentrationsfähigkeit, Initiative.

XI Einzelaufträge:
Neben den oben aufgeführten Aufgaben ist er verpflichtet, auf Weisungen der Filialleitung Einzelaufträge auszuführen, die dem Wesen nach zu seiner Tätigkeit gehören bzw. sich aus der betrieblichen Notwendigkeit ergeben.

Besondere **Probleme von Stellenbeschreibungen** liegen in der **starren Zuordnung von Personen zu Stellen**, der **Vielzahl** von gleichrangig nebeneinanderstehenden **Stelleninformationen**, die die für Personalentwicklung wirklich wichtigen Aspekte nicht enthalten und dem hohen **Aufwand bei Anpassungen** an Veränderungen der Aufgaben- und Organisationsstruktur. Bei zu detaillierten Regelungen besteht außerdem die Gefahr einer zu weitgehenden **Einengung von Verhaltensspielräumen**, während umgekehrt bei zu allgemeinen Formulierungen der Informationsgehalt sinkt und die Stellenbeschreibung ihre Funktionen verliert (Reiß, 1984).

Probleme von Stellenbeschreibungen

Einengung von Verhaltensspielräumen

Für die Personalentwicklung wichtig ist z. B. *„die Ausrichtung und Bewertung der Aufgaben, Anforderungen und organisatorischen Informationen im Sinne der strategischen Ziele (der Bank) und die Einbindung in übergreifende Zusammenhänge.*

Mit einer *strategieorientierten Funktionsbeschreibung wird nicht nur den Erfordernissen der PE-Planung Rechnung getragen. Es lassen sich bei gleichem Aufwand und Umfang viele Synergien erzielen, z. B. die bereichsübergreifende Sensibilisierung von Vorgesetzten und Mitarbeitern oder die Konkretisierung erfolgreicher Anforderungserfüllung." (Meier, 1992; Hervorhebung von Grote)*

Strategieorientierte Funktionsbeschreibung

Im Unterschied zur Stellenbeschreibung enthält die strategieorientierte Funktionsbeschreibung Hinweise auf die wichtigsten **Ziele** und die **Strategien der Bank** sowie die **Formulierung von erfolgsrelevantem Verhalten** des Stelleninhabers.

Ziele und Strategien der Bank

„Mindestinformationen sind:

– *Funktionsbezeichnung und organisatorische Einordnung,*
– *Zielsetzung der Aufgabe,*
– *erfolgsrelevantes Verhalten,*

– *Berichterstattung/Zusammenarbeit,*
– *Vertretung,*
– *Vollmachten.*

Zusätzliche Inhalte *können sein:*

– *Anforderungen an den Mitarbeiter,*
– *Leistungsbeurteilungsmaßstäbe,*
– *Informationsbeziehungen,*
– *ideale Vorlauf-/Nachfolgepositionen,*
– *Stellenbewertung." (Meier, 1992)*

Um Informationen über besonders effektives und effizientes Verhalten von Mitarbeitern am Arbeitsplatz zu erhalten, bietet sich z. B. die **Critical-Incident-Technik** (Methode kritischer Ereignisse) an. Zusammen mit dem jeweiligen Stelleninhaber werden in bezug auf die Ziele der Stelle erfolgreiche und nicht erfolgreiche Verhaltensweisen ermittelt.

Critical-Incident-Technik

Für die **Funktion eines Kundenbetreuers** kann das im Ergebnis folgendermaßen aussehen:

Erfolgsrelevantes Verhalten in typischen Situationen der Kundenbetreuer		
Typische Situationen	**Erfolgreiches Verhalten**	**Nicht erfolgreiches Verhalten**
Termin vereinbaren	– gezielte Kundenansprache – gut vorbereitet – richtiger Ansprechpartner – richtiger Zeitpunkt – Interesse wecken – verbindliche Ausdauer	– ist unangemeldet – ist unvorbereitet – faßt nicht nach
Informations-veranstaltung	– aktive Rolle – zeigt Fachkompetenz – zeigt eigene Beiträge – schafft vielfältige Kontakte	– geht nicht hin – fällt nicht auf
Datenbeschaffung und -auswertung	– kennt Informationsquellen – nutzt Informationen gezielt und selbständig	– wartet auf Informationen – erkennt nicht sinnvolle Informationen
Gesprächsführung	– gleichberechtigte Gesprächspartner – durch gezielte Fragen den Kunden zum Reden bringen – bietet bedarfsorientierte Lösungen	– wirkt als „Bittsteller" – zählt gesamte Produktpalette auf
Nachbetreuung	– …	– …

Abbildung 29

(Quelle: Meier, 1992)

Für die **Konzeption einer strategieorientierten Funktionsbeschreibung** gibt es verschiedene Strukturierungsmöglichkeiten, z. B.:

- Ziele der Bank,

- strategische Ziele, projiziert auf die Ebene der Funktion,

- Controllingfunktionen (z. B. Planung, Durchführung, Kontrolle),

- Bewertung der Teilaufgaben (Sehr wichtig/wichtig/...),

- Zeitanteile der Aufgaben (z. B. Prozent der Normalarbeitszeit).

Die **strategieorientierte Funktionsbeschreibung eines Kundenberaters** mit den Dimensionen: Controllingfunktion, Aufgaben und strategische Ziele kann z. B. folgendermaßen aussehen:

Strukturierungsmöglichkeiten

Strategieorientierte Funktionsbeschreibung für Kundenberater

Funktionsbezeichnung: Kundenberater
Organisatorische Einordnung ...
Ziel der Funktion ...

Wichtige Aufgaben der Funktion:

Planung

Vorbereitung von Kundenberatungen durch Terminplanung, kundenspezifische Unterlagen, fallweise Einbeziehung von Vorgesetzten/Fachabteilungen, im Sinne der strategischen Ziele/Produkte der Bank: ...

Vorbereitung von Akquisitionsmaßnahmen durch Kundenanalyse und Marktbeobachtung, im Sinne der strategischen Kunden: Vermögende Private, potentielle Vermögende, ... und der entsprechenden strategischen Produkte: Wertpapiere ...

Durchführung

Selbständige Kundenberatung durch Bedarfsermittlung, Alternativenberatung und Vertragsabschluß unter Einbeziehung der Produktspezialisten/Vorgesetzten bei kundenspezifischem oder Kompetenzbedarf, im Sinne der strategischen Ziele: ...

Zusammenarbeit mit den Fachabteilungen bei/durch Informationen über neue/spezifische Kundenwünsche, Produktideen und Jour fix.

Kontrolle

Verantwortliche Bearbeitung/Kontrolle von Kundenreklamationen.

Überwachung von Kundenaufträgen im Non-Standard-Geschäft, im Sinne der strategischen Kunden: Vermögende Private, potentielle Vermögende, ... und entsprechender strategischer Produkte (Wertpapiere, ...).

Selbständige Vertiefung der Produktkenntnisse durch Fachliteratur, Zusammenarbeit mit Fachabteilungen, Teilnahme an Entwicklungsmaßnahmen, im Sinne der strategischen Ziele: ...

Regelmäßige Teilnahme an Jour fix.

Typische Erfolgsfaktoren für Kundenberater:

* **Aktive Kundenbetreuung,** z. B. durch
  - betriebswirtschaftliche Kundenberatung,
  - Schaffung einer persönlichen Beziehung zum Kunden,
  - Anlegen einer individuellen Kundenmappe,
  - Variation oder Wiederholung von Akquisitionsbemühungen.

* **Ertragsorientiertes Verhalten,** z. B. durch
  - das Anstreben von langfristigen Kundenbeziehungen,
  - Abschlußorientierung,
  - Cross-Selling,
  - Aktiv-Passiv-Management.

* **Bankstrategisches Verhalten,** z. B. durch
  - den Verkauf der strategischen Produkte: Wertpapiere ...,
  - Investieren von viel Zeit/Engagement in potentielle Kunden
    (insbesondere strategische Kunden: Vermögende Private, ...)
  - Suche nach Gründen für Kundenverluste/Auftragskündigungen,
  - das Anstreben von Langfristbeziehungen,
  - bereichübergreifendes Informationsverhalten.

Regelmäßige Teilnahme: – Jour fix: ...
                                         – Erfa-Kreis: ...
Regelmäßige Berichterstattung: Leiter Abteilung Kundenbetreuung
Vertretung: ...
Besondere Vollmachten: ...

Abbildung 30

(Quelle: Meier, 1992)

Auf der Grundlage von Stellen- und/oder strategieorientierten Funktionsbeschreibungen müssen anschließend die aufgabenspezifischen **Anforderungen eines Arbeitsplatzes** bestimmt werden. Diese werden bestimmt durch:

Anforderungen eines Arbeitsplatzes

- die zu erledigenden Aufgaben und Tätigkeiten,

- die organisatorische Eingliederung sowie durch

- die Grundsätze und Richtlinien des Betriebes.
  (Handbuch-Praxis der Personalplanung, 1978)

Die für Personalentwicklung wichtige **Personalbedarfsbestimmung** verlangt **qualitative Aussagen** über die **Anforderungsmerkmale** einer Stelle und ihre jeweiligen **Ausprägungen**. Merkmale und Merkmalsausprägungen ergeben dann ein **Anforderungsprofil**, das später für den Personaleinsatz dem **Fähigkeitsprofil** der Mitarbeiter gegenübergestellt werden kann.

Qualitative Aussagen über Anforderungsmerkmale

Anforderungsprofil und Fähigkeitsprofil

Die **Arbeitswissenschaft** liefert mit dem Genfer-Schema und dem REFA-Schema Vorschläge zur inhaltlichen Ausgestaltung von Anforderungsprofilen.

Das **Genfer-Schema** wurde in seiner Ursprungsform 1950 bei einer in Genf durchgeführten Tagung führender europäischer Arbeitswissenschaftler entwickelt. Es stellt ein **System von Merkmalskategorien** dar, die bei der **analytischen Arbeitsbewertung** verwendet werden können. Das Genfer-Schema unterscheidet zwischen Können und Belastung und wendet beide Kategorien auf geistige und körperliche Anforderungen, das Merkmal Belastung außerdem auf die Verantwortung und die äußeren Arbeitsbedingungen an.

Genfer-Schema

Analytische Arbeitsbewertung

Die Hauptanforderungsarten des weit verbreiteten **REFA-Systems** orientieren sich am Genfer-Schema und unterscheiden die folgenden **Bereiche:**

REFA-System

1. Kenntnisse,
2. Geschicklichkeit,
3. Verantwortung,
4. geistige Belastung,
5. muskelmäßige Belastung,
6. Umgebungseinflüsse.

Die folgende Übersicht zeigt die **Hauptgruppen von Anforderungsmerkmalen** der ineinander überführbaren Gliederungsvorschläge:

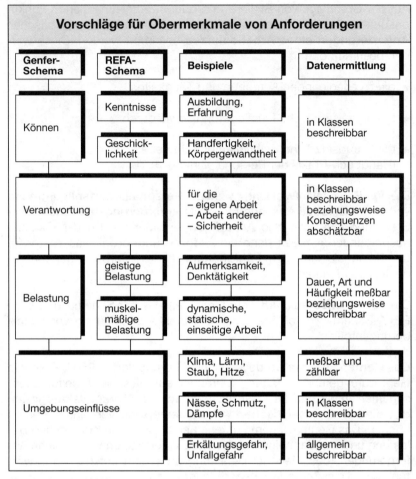

Abbildung 31

(Quelle: Scholz, 1989)

Über die Zahl und Art der in ein Anforderungsprofil aufzunehmenden Merkmale gehen die Meinungen auseinander. Für jeden **Arbeitsplatz** sollten jedoch die jeweils **typischen Merkmale** bestimmt werden, da nur auf diese Weise ein **anforderungsgerechtes Spiegelbild des Arbeitsplatzes** erzielt wird. Als Grundlage der Merkmalsbestimmung ist in jedem Fall eine **Arbeitsplatzanalyse** erforderlich (Menzel, 1985).

Die folgenden Übersichten zeigen Anforderungsprofile für Kundenbetreuer und Spezialberater sowie ein Profil notwendiger Schlüsselqualifikationen für Privatkundenbetreuer.

Typische Merkmale des Arbeitsplatzes bestimmen

Arbeitsplatzanalyse

Anforderungsprofile für Kundenbetreuer und Spezialberater

Anforderungsprofile
Kundenbetreuer und Spezialberater sollen für die Erledigung ihrer Aufgaben ähnliche persönliche Eigenschaften mitbringen. In den an sie gestellten fachlichen Anforderungen ergeben sich allerdings unterschiedliche Ausprägungen. Während der Kundenbetreuer über ein möglichst breites Spektrum an „Standard"-Wissen verfügen sollte, muß der Spezialberater zumindest auf einem Gebiet „Spezial"-Know-how vorweisen können.

Persönliche Eigenschaften		Fachliche Anforderungen	Grund-wissen	Vertieftes Wissen	Spezial-wissen
Eigeninitiative:	zielstrebig, Problemlöser	**Fachkenntnisse** Zahlungsverkehr, Kredite und Finanzierungen,			
Arbeitseinsatz:	engagiert und flexibel in der Arbeitseinteilung	Baufinanzierungen, Einlagen- u. Standard-Wertpapiergeschäft, Versicherungen und Bausparen			
Verhandlungs- und Akquisitionsgeschick:	verhandlungsgewandt, sicheres Auftreten, klare Argumentation	**Allgemeine Kenntnisse** Geschäftspolitik			
Durchsetzungs-vermögen:	wird anerkannt, setzt sich durch, erreicht seine Ziele	Betriebswirtschaft, Recht, Volkswirtschaft, Steuern			
Kontaktfähigkeit:	gewinnende Persönlichkeit, gute Umgangsformen	Gestaltung von Aktionen (zur Kundenbetreuung und zur Akquisition neuer Kundenverbindungen)			

● Privatkundenbetreuer   ○ Baufinanzierungsberater

Abbildung 32

(Quelle: Ermann 1989; zitiert nach Meier, 1992)

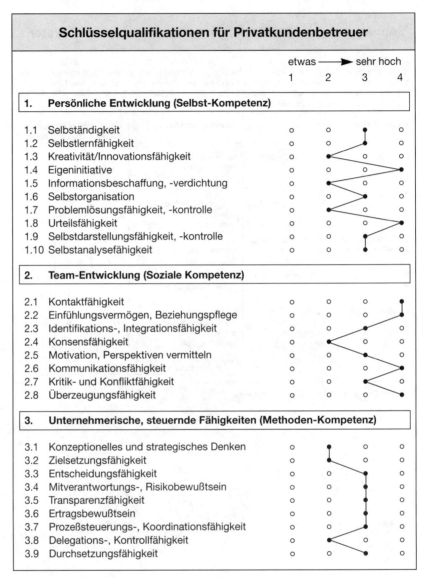

Abbildung 33

(Quelle: Wilkening, 1990; zitiert nach Meier, 1992)

Für die **Erstellung von Anforderungsprofilen** lassen sich folgende

Qualitätsansprüche **Qualitätsansprüche** formulieren:

Inhalte konkret
erfassen

1. Die Tätigkeiten und Anforderungen am Arbeitsplatz sind inhaltlich konkret zu erfassen, um die Anforderungen an die Qualifikation qualitativ beschreiben und auf die ausgeübten Tätigkeiten beziehen zu können.

2. Die Analyse der Qualifikationsanforderungen muß unter die Ober-
   fläche der ins Auge fallenden Tätigkeiten dringen und die psychi-
   schen Leistungsvoraussetzungen zur Erfüllung der gestellten Aufgaben angeben.

Psychische Leistungs-voraussetzungen ermitteln

3. Aus der Anlage und Operationalisierung der Anforderungskategori-
   en muß deutlich werden, welche der Anforderungen primär an spezifische Arbeitsprozesse gebunden und welche auf andere Arbeitsprozesse transferierbar sind.

Anforderungs-kategorien bilden

4. Das Kategorienschema ist so differenziert anzulegen, daß die wesentlichen Unterschiede in den Qualifikationsanforderungen zwischen verschiedenen Arbeitsplätzen eindeutig bestimmbar sind
   und dabei, ungeachtet verschiedener Bedingungen, die Arbeitsprozesse miteinander verglichen werden können.

Arbeitsprozesse miteinander vergleichen

5. Zwischen den einzelnen Anforderungselementen sind die wechsel-
   seitigen Bezüge und Dimensionen herauszuarbeiten, was ein
   schlüssiges Konzept der Qualifikationsanforderungen in der Bank
   voraussetzt.

Wechselseitige Bezüge der Anforderungs-elemente

6. Die Anforderungskategorien sind so weit wie möglich auf die wesentlichen Bedingungen des betrieblichen Arbeitsprozesses zu beziehen.

Wesentliche Bedingungen

7. Die für die Anforderungsanalyse auszuwählenden Arbeitsplätze
   sind in ihrer Bedeutung für typische Anforderungsstrukturen des
   bankbetrieblichen Arbeitsprozesses anhand einer technisch-orga-
   nisatorischen Betriebsanalyse auszuwählen.

Arbeitsplätze mit typischen Anforderun-gen auswählen

8. Maßgebend für die Analyse der Anforderungen darf nicht die Häu-
   figkeit oder Dauer einzelner Anforderungselemente, sondern ausschließlich der komplexe Schwierigkeitsgrad der Tätigkeit sein.
   (Mickler/Mohr/Kadritzke, 1977)

Schwierigkeitsgrad der Tätigkeit

Es soll nicht verschwiegen werden, daß es eine Reihe theoretischer und
praktischer **Probleme bei der Erstellung von Anforderungsprofilen**
gibt. *„Diese beginnen beim Auswahlproblem der relevanten Merkmale
und setzen sich fort in der Schwierigkeit, die Ausprägung dieser Anforderungsmerkmale zu erheben. Sie führen schließlich zum Konflikt zwischen Stabilität und Aktualität der Anforderungsmerkmale: ‚Stabilität‘
verlangt inhaltliche Konstanz über einen längeren Zeitraum, ‚Aktualität‘
dagegen rasche Anpassung der Anforderungsmerkmale."* (Scholz, 1989)

Probleme bei der Erstellung von Anforderungsprofilen

Ungeachtet dieser grundsätzlichen Probleme zeigt die Praxis, daß die
Arbeit mit Anforderungsprofilen zu einer erheblichen **Verbesserung
von Effektivität und Effizienz** im betrieblichen **Personalmanagement**
beiträgt.

Verbesserte Effektivität und Effizienz

Dem Personalentwickler stehen nun verschiedene **Methoden zur Gewinnung von Informationen für Stellenbeschreibungen und Anforderungsprofilen** zur Verfügung. In der folgenden Übersicht werden einige der bekanntesten Methoden beschrieben und hinsichtlich ihrer Vor- und Nachteile sowie ihrer Akzeptanz bei den Mitarbeitern beurteilt:

Methoden zur Gewinnung von Informationen für Stellenbeschreibungen und Anforderungsprofile				
Methode	**Beschreibung der Methode**	**Vorteile**	**Nachteile**	**Bewertung von Güte und Akzeptanz**
Dokumentenanalyse z. B. Personalakte Arbeitsplatzbeschreibung Stellenplan	Auflistung von Stellenkriterien und von Tätigkeitsbeschreibungen, die je nach Bedarf unterschiedliche Aspekte der Arbeit hervorheben.	Datenmaterial ist bereits vorhanden.	Informationen sind zu allgemein oder nicht relevant.	Nur als Sekundärmaterial für Auswertung geeignet; Akzeptanzprobleme sind nicht vorhanden.
Freie unstrukturierte Interviews	Informationen über den Arbeitsbereich werden im freien Frage-/Antwortspiel gewonnen.	Offene, ungezwungene Gesprächsführung möglich, individuelle Schwerpunkte können im Gespräch gesetzt werden.	Informationsbasis ist oft unvollständig, nichtstandardisierte Vorgehensweise läßt keine individuellen Vergleiche zu.	Nur für eine erste Eindruckbildung sinnvoll; Akzeptanzprobleme sind in der Regel nicht zu erwarten.
Halbstrukturierte Interviews	Fragen über den Tätigkeitsbereich werden in systematisch geordneter Form präsentiert, die Antworten werden frei protokolliert.	Vor Beginn des Interviews ist sichergestellt, daß alle relevanten Aspekte der Arbeitstätigkeit angesprochen werden.	Vergleiche mit anderen Stellen sind nur bedingt möglich, da die frei erhobenen Antworten nicht ohne weiteres aufeinander beziehbar sind.	Datenqualität ist ausreichend, sofern keine Auswertungen/Vergleiche von seelischen Vorgängen notwendig sind; keine Akzeptanzprobleme.
Critical-Incident-Technik	Erhebungstechnik zur Informationsgewinnung über besonders effektives Verhalten am Arbeitsplatz.	Konzentration auf die wesentlichen und für die Zielerreichung entscheidenden Arbeitssituationen.	Großer Aufwand bis Fertigstellung von standardisierten Verfahren, teilweise Abgrenzungsprobleme der Klassifikation, erfolgreiches/erfolgloses Verhalten.	Bei Mitwirkung der Stelleninhaber sehr erfolgreich und aufgrund der Praxisnähe von großer Akzeptanz.
Strukturierte Interviews z. B. Fragebogen Checkliste	Frage- und Antwortmöglichkeiten sind fest vorgegeben, auf vorgegebene Aussagen hat der Befragte differenziert zu antworten.	Daten sind an beliebig großer Stichprobe zu erheben/verarbeiten, uneingeschränkte Vergleiche möglich, weitgehende Datenzuverlässigkeit, testtheoretische Prüfung möglich.	Hoher Konstruktionsaufwand, bei unreflektierter Aufwendung sind Interpretationsfehler und Antworttendenzen (z. B. soziale Wünsche) nicht auszuschließen.	Meßtheoretisch hochentwickeltes Verfahren mit der Möglichkeit umfassender statistischer Auswertung; Akzeptanz unabhängig von äußerem Augenschein.
Verhaltensbeobachtung	Arbeitsplatzbeobachtungen und Arbeitsproben/-simulationen, Auftretenshäufigkeit bestimmter Verhaltensmuster/ Ergebnisse wird in der Regel durch Beobachtungsraster registriert.	Arbeitstätigkeit und/oder Ergebnisse können unmittelbar erfaßt und registriert werden, Beurteilungsfehler treten nur gering auf als Beobachtungsfehler.	Repräsentativität der Beobachtungsdaten ist abhängig von der Dauer der Beobachtung und der Konstanz der Arbeitsbedingungen.	Sinnvoll bei einfachen, repetitiven Tätigkeiten, die als zusammengehörige Handlung beobachtbar sind, nicht geeignet für hochwertige/nicht strukturierte Arbeit; Akzeptanzprobleme durch Beobachtungs-/Kontrollgefühl, Akzeptanz durch scheinbare Objektivität.

Abbildung 34   (Quelle: Meier, 1992)

Den gesamten **Prozeß zur Ermittlung stellenspezifischer Anforderungen** verdeutlicht abschließend die folgende Übersicht:

Ermittlung
stellenspezifischer
Anforderungen

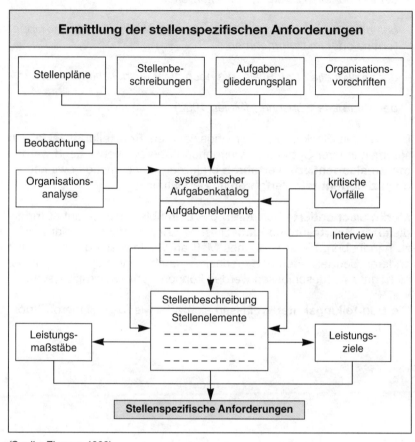

Abbildung 35

(Quelle: Zimmer, 1982)

Ausgangsbasis für die **Personalentwicklung** ist der **Vergleich von Anforderungsprofilen** unterschiedlicher Stellen in der Bank mit den **Fähigkeitsprofilen** der Mitarbeiter. Dieser Vergleich führt zur **Bestimmung von Fähigkeitslücken**, die durch konkrete PE-Maßnahmen auszugleichen sind.

Vergleich von
Anforderungsprofilen
mit Fähigkeitsprofilen

Stellenbeschreibungen, strategieorientierte Funktionsbeschreibungen und Anforderungsprofile liefern im Ergebnis den zeitpunkt- oder zeitraumbezogenen qualitativen **Personalbedarf** der Bank.

Personalbedarf

Ergänzend hierzu muß jede Bank auch eine **Personalbestandsanalyse** durchführen.

Personalbestands-
analyse

„Ziele sind unter anderem die systematische Erfassung und Beurteilung

– der individuellen Leistung der Mitarbeiter,

– des allgemeinen Leistungsstands einer Abteilung/Funktionsgruppe/ -ebene oder im Unternehmen,

– der individuellen Potentiale, die noch nicht ausgeschöpft sind,

– der Mitarbeiterwünsche." (Meier, 1992)

Beurteilungsverfahren | Die bei den Banken zur Zeit angewandten **Beurteilungsverfahren** stimmen in ihrer Systematik weitgehend überein. Vorwiegend werden **merkmalsorientierte Verfahren** praktiziert. Zunehmend gewinnen jedoch **zielorientierte Verfahren** an Bedeutung.

Merkmalsorientierte Verfahren | **Merkmalsorientierte Verfahren** basieren üblicherweise auf **standardisierten Beurteilungsbögen**. Diese Beurteilungsform ist relativ leicht zu handhaben, bietet ein hohes Maß an Vergleichsmöglichkeiten mit anderen Beurteilungen und erscheint – auch wenn Beurteilungsfehler nicht ganz ausgeschlossen werden können – am zweckmäßigsten.

Beurteilungskriterien | Die **Beurteilungskriterien** lassen sich z. B. wie folgt gliedern (Stopp, 1991):

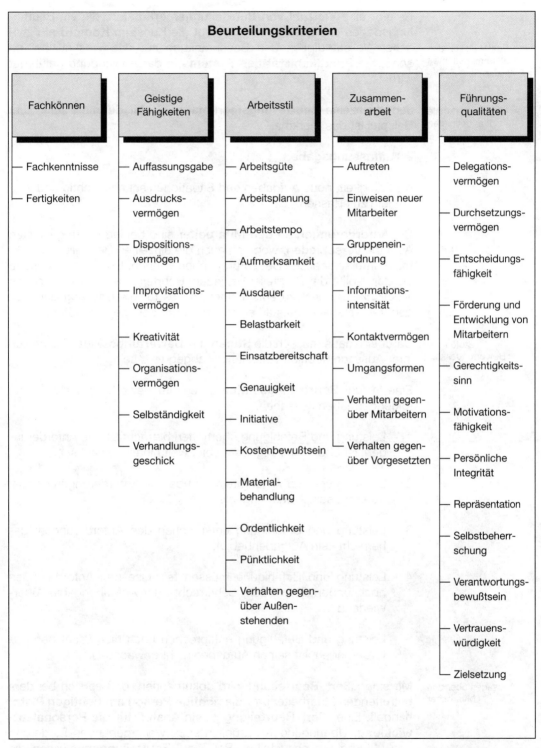

Beurteilungskriterien

Fachkönnen	Geistige Fähigkeiten	Arbeitsstil	Zusammen-arbeit	Führungs-qualitäten
— Fachkenntnisse	— Auffassungsgabe	— Arbeitsgüte	— Auftreten	— Delegations-vermögen
— Fertigkeiten	— Ausdrucks-vermögen	— Arbeitsplanung	— Einweisen neuer Mitarbeiter	— Durchsetzungs-vermögen
	— Dispositions-vermögen	— Arbeitstempo	— Gruppenein-ordnung	— Entscheidungs-fähigkeit
	— Improvisations-vermögen	— Aufmerksamkeit	— Informations-intensität	— Förderung und Entwicklung von Mitarbeitern
	— Kreativität	— Ausdauer	— Kontaktvermögen	— Gerechtigkeits-sinn
	— Organisations-vermögen	— Belastbarkeit	— Umgangsformen	— Motivations-fähigkeit
	— Selbständigkeit	— Einsatzbereitschaft	— Verhalten gegen-über Mitarbeitern	— Persönliche Integrität
	— Verhandlungs-geschick	— Genauigkeit	— Verhalten gegen-über Vorgesetzten	— Repräsentation
		— Initiative		— Selbstbeherr-schung
		— Kostenbewußtsein		— Verantwortungs-bewußtsein
		— Material-behandlung		— Vertrauens-würdigkeit
		— Ordentlichkeit		— Zielsetzung
		— Pünktlichkeit		
		— Verhalten gegen-über Außen-stehenden		

(Quelle: Stopp, 1991)

Abbildung 36

Es gibt eine **Vielzahl von Beurteilungsmerkmalen**, die ein Beurteilungsbogen enthalten kann. Hier liegt die Kunst im **Kompromiß** zwischen Vollständigkeit und Beschränkung auf das Wesentliche, da
sonst die **Praktikabilität des Systems** in der Anwendung gefährdet
wird.

*Praktikabilität des
Systems beachten*

Jedes einzelne **Beurteilungsmerkmal** muß **klar definiert** sein. Zum
Beispiel ist das Merkmal

*Beurteilungsmerkmale
klar definieren*

• **Auffassungsgabe**

die Fähigkeit, neue Aufgaben und Situationen schnell, richtig und vollständig zu erfassen.

Die **Anforderungen an den Mitarbeiter** sind bei jeder ihm gestellten
Aufgabe **verschieden**, wodurch auch die einzelnen Beurteilungsmerkmale unterschiedliche Bedeutung haben können. Um dem gerecht zu
werden, sollte der Beurteiler bei jedem Beurteilungsmerkmal auch die
Möglichkeit haben, zu entscheiden, ob es für die Erfüllung der ausgeübten Tätigkeit von starker, mittlerer oder geringer Bedeutung ist.

Darüber hinaus müssen die **Stufen der Bewertungsskala** hinsichtlich
ihrer Aussage deutlich voneinander abgegrenzt sein.

*Stufen der
Bewertungsskala*

Eine in fünf **Beurteilungsstufen** unterteilte Bewertungsskala könnte
folgendermaßen aussehen:

1 - Leistung und Befähigung übertreffen beträchtlich die Anforderun-
    gen; ist über sein Aufgabengebiet weit hinausgewachsen.

2 - Leistung und Befähigung reichen über die Anforderungen hinaus;
    überragt sein Aufgabengebiet.

3 - Leistung und Befähigung entsprechen den Anforderungen; be-
    herrscht sein Aufgabengebiet.

4 - Leistung und Befähigung müssen teilweise den Anforderungen
    noch angepaßt werden; beherrscht sein Aufgabengebiet über-
    wiegend.

5 - Leistung und Befähigung entsprechen noch nicht/nicht den An-
    forderungen; ist seinen Aufgaben nicht gewachsen.

Mit einer **„3er"-Beurteilung** wird dokumentiert, daß es sich bei dem
betreffenden Mitarbeiter um „die **richtige Person am richtigen Platz"**
handelt. Eine **„2er"-Beurteilung** ist ein **Anstoß für die Personalentwicklung**, Überlegungen bezüglich einer weitergehenden Förderung
des Mitarbeiters anzustellen. Bei **„4er"-Beurteilungen** müssen die

*Aussagen über den
Mitarbeiter*

Ursachen analysiert und beobachtet werden, ob sich in den nächsten Monaten nach dem Beurteilungsgespräch, möglicherweise unterstützt durch eingeleitete Entwicklungsmaßnahmen, das Leistungsbild des Mitarbeiters verbessert.

Durch die klare Definition der Beurteilungsmerkmale und die allgemeine Bewertungsskala von 1 bis 5 ist aber noch keine ausreichende **Vergleichbarkeit der Beurteilungen** gegeben. Hinzutreten muß noch eine Beschreibung der Beurteilungsaussagen 1 bis 5 zu den entsprechenden Beurteilungsmerkmalen, z. B.

> Vergleichbarkeit der Beurteilungen

- **Arbeitsgüte**

1 - arbeitet in jeder Hinsicht fehlerfrei;

2 - arbeitet selbständig, sorgfältig und termingerecht;

3 - arbeitet meist selbständig, sorgfältig und termingerecht;

4 - arbeitet manchmal flüchtig und dadurch fehlerhaft,

  - ist hin und wieder nicht selbständig genug,

  - muß gelegentlich an Termine erinnert werden;

5 - arbeitet fehlerhaft,

  - arbeitet unselbständig,

  - hält Termine nicht ein.

Die merkmalsorientierte und standardisierte Beurteilung sollte dem Beurteiler aber auch Raum bieten, auf **individuelle Neigungen**, **Stärken** oder **Schwächen des Beurteilten** sowie auf unterschiedliche Standpunkte einzugehen. In den meisten Beurteilungsbögen ist hierzu ein Feld Bemerkungen (z. B. kontroverse Standpunkte, Kommentare, Mitarbeiterwünsche usw.) vorgesehen.

> Raum für individuelle Bemerkungen

Die **merkmalsorientierte Beurteilung** reflektiert zwar das Leistungsbild des Mitarbeiters in einem zurückliegenden Zeitraum, sollte den **Blick** aber **nicht nur auf Vergangenes** richten, sondern auch als **Förderungsinstrument** genutzt werden. Vorgesetzte und Mitarbeiter sollten daher Gelegenheit erhalten, ihre Vorstellungen über den weiteren Berufsweg, den künftigen Einsatz und die notwendigen Fördermaßnahmen im Beurteilungssbogen festzuhalten.

> Beurteilung als Förderungsinstrument nutzen

Personalinformations-
system Diese **Informationen** können dann in das **Personalplanungs-** und **-entwicklungssystem** der Bank einfließen und später wichtige Impulse für kurz- und mittelfristige **Besetzungsüberlegungen** geben.

Wie ein **Beurteilungsbogen** für eine merkmalsorientierte Beurteilung gestaltet sein kann, zeigt das folgende Beispiel:

Formular merkmalsorientierter Mitarbeiterbeurteilung

Formular Mitarbeiterbeurteilung Seite 1
Firma …
Mitarbeiterbeurteilung

Name des Mitarbeiters …	Name des Beurteilers …
Personalnummer …	Beurteilerposition …
Mitarbeiterposition …	
Eintritt ins Unternehmen …	
Letzte Beurteilung …	

Stellenkurzbeschreibung (Hauptaufgaben der Stelle):

– …

–

–

–

–

–

Gesamt-beurteilung (s. Seite 2)	O Der Mitarbeiter entspricht noch nicht den Anforderungen der Stelle.
	O Der Mitarbeiter entspricht den Anforderungen der Stelle.
	O Der Mitarbeiter besitzt Potential für höherwertige Aufgaben.

Vorgeschlagene
Entwicklungsmaßnahmen

Formular Mitarbeiterbeurteilung Seite 2									
Beurteilung		Positionsbedeutung			Beurteilungsstufe				
		keine	mittel	hoch	1	2	3	4	5
Arbeits- leistung	– Fachwissen + -können	O	O	O	O	O	O	O	O
	– Qualität der Arbeit	O	O	O	O	O	O	O	O
	– Einteilung der Arbeit	O	O	O	O	O	O	O	O
Arbeits- verhalten	– Selbständigkeit	O	O	O	O	O	O	O	O
	– Belastbarkeit	O	O	O	O	O	O	O	O
	– Flexibilität	O	O	O	O	O	O	O	O
	– Initiative	O	O	O	O	O	O	O	O
Zusammen- arbeit	– Kooperationsverhalten	O	O	O	O	O	O	O	O
	– Informationsverhalten	O	O	O	O	O	O	O	O
	– Konfliktbewältigung	O	O	O	O	O	O	O	O
	– Verhandlungsgeschick	O	O	O	O	O	O	O	O
Unterneh- merisches Handeln	– Strategisches Handeln	O	O	O	O	O	O	O	O
	– Kostenbewußtsein	O	O	O	O	O	O	O	O
	– Ertragsbewußtsein	O	O	O	O	O	O	O	O
	– Risikobewußtes Handeln	O	O	O	O	O	O	O	O
	– Unternehm. Initiative	O	O	O	O	O	O	O	O
Führungs- verhalten	– Planen und Organisieren	O	O	O	O	O	O	O	O
	– Ziele setzen	O	O	O	O	O	O	O	O
	– Delegieren	O	O	O	O	O	O	O	O
	– Motivieren	O	O	O	O	O	O	O	O
	– Mitarbeiter fördern	O	O	O	O	O	O	O	O

Bemerkungen (z. B. kontroverse Standpunkte, Kommentare, Mitarbeiterwünsche)

Vorgeschlagene Entwicklungsmaßnahmen (s. Seite 1)

Kenntnisnahme (Unterschriften)
Mitarbeiter   Vorgesetzter   nächsthöherer Vorgesetzter

Abbildung 37

(Quelle: Meier, 1992)

Die **Beurteilung** sollte aus der regelmäßigen, **gezielten Wahrnehmung** und systematischen Sammlung von typischen **Einzelheiten und Tatsachen** während des gesamten Beobachtungszeitraums abgeleitet werden. Die **Bewertung** dieser Tatsachen erfolgt dann durch die **Ausrichtung an objektivierenden Maßstäben** – z. B. Soll-Ist-Vergleich – aber auch durch einen **Vergleich der Mitarbeiter** untereinander. Schließlich gelangt der Beurteilende zu einer **fundierten Aussage** über die ausgeübte Tätigkeit, über berufliche Begabungen, Neigungen, Fähigkeiten und Fertigkeiten, über positive und negative Leistungsergebnisse sowie über das Arbeits-, Gruppen- und gegebenenfalls das Führungsverhalten.

Gezielte Wahrnehmung
– Grundlage der
Beurteilung

Fehlerquellen **Fehlerquellen** sind bei der Beurteilung leider nicht ganz auszu-
schließen. So kann z. B. die falsche Einstellung des Vorgesetzten (hält
nichts davon, Papierkram, Disziplinierung/Bestrafung, Begünstigung/
Belohnung) zu einer Beeinträchtigung der Beurteilungsergebnisse
führen. Aber auch bei einer positiven Einstellung zur Beurteilung entstehen häufig **Beurteilungsfehler** (Berthel, 1995):

Beurteilungsfehler • **Wahrnehmungsverzerrungen**

  – **Halo-Effekt:** Ein Beurteilungsmerkmal strahlt auf mehrere andere aus.

  – **Nikolaus-Effekt:** Der/die Beurteiler/in stellt auf Ereignisse ab, die
  erst kürzlich stattgefunden haben (synonym: Recency-Effekt).

  – **Primacy-Effekt:** Der/die Beurteiler/in stellt auf Ereignisse ab, die
  zu Anfang des Beurteilungszeitraums stattgefunden haben.

  – **Kleber-Effekt:** Längere Zeit nicht beförderte Mitarbeiter werden
  unterschätzt.

  – **Hierarchie-Effekt:** Je höher der zu beurteilende Mitarbeiter in der
  Hierarchie eingeordnet ist, um so besser fällt die Beurteilung aus.

• **Maßstabsanwendung**

  – **Tendenz zur Mitte:** Bevorzugung mittlerer Urteilswerte bei Ein-
  stufungsverfahren.

  – **Tendenz zur Strenge/Milde:** Beurteilungen eines Beurteilers
  weichen durchschnittlich im Vergleich zu anderen Beurteilern
  nach unten oder nach oben ab, z. B. durch zu hohes/zu niedriges
  Anspruchsniveau.

  – **Sympathie/Antipathie:** Besonders sympathisch bzw. unsympa-
  thisch wirkende Mitarbeiter werden besser bzw. schlechter bewertet.

• **Bewußte Verfälschungen**

• **Beurteilung als Mittel zum Zweck:** Beurteilungen bestimmter Mitarbeiter erfolgen im Hinblick auf einen anderen Zweck, z. B. eine
bestimmte Leistungszulage oder das „Wegloben".

Beurteilungsgespräch Wesentliches Element des Beurteilungsvorgangs ist das **Beurteilungs-**
und **Förderungsgespräch** mit dem Mitarbeiter. Dieses Gespräch sollte
vorangegangene Kontakt- und Förderungsgespräche zusammenfassen.

Der Mitarbeiter muß wissen, wie sein Vorgesetzter ihn beurteilt und welche künftigen Einsatzmöglichkeiten er ihm zutraut.

Ziele des unter vier Augen erfolgenden **Gespräches** sind:

Ziele des Beurteilungs-gesprächs

- Es soll dem Mitarbeiter einen **Einblick** in seinen **Leistungsstand** vermitteln.

- Es soll dem Vorgesetzten die Möglichkeit bieten, dem Mitarbeiter **Anerkennung auszusprechen**.

- Es soll die **Fähigkeiten des Mitarbeiters aufzeigen**, die verbesserungsfähig und verbesserungswürdig sind, um zu einer allgemeinen Leistungssteigerung zu gelangen.

- Es soll dem beurteilenden Vorgesetzten Gelegenheit geben, die **Einschätzung der Leistung des Mitarbeiters** aus dessen Sicht kennenzulernen.

- Es soll zur **Verbesserung des Vorgesetzten-Mitarbeiter-Verhältnisses** beitragen.

- Es soll dem Vorgesetzten und dem Mitarbeiter Gelegenheit bieten, **Leistungsziele und Aktionen zur Leistungsverbesserung** vorzusehen.

- Es soll eine **positive Grundhaltung** des Mitarbeiters zu seiner Arbeit, seinen Arbeitskollegen und zur Bank fördern.

Um diese Ziele im **Beurteilungsgespräch** zu erreichen, ist eine **sorgfältige Vorbereitung** nötig. Ohne eine klare Gesprächsdisposition und die Beachtung bestimmter **Regeln der Gesprächsführung** wird die Wirksamkeit der Beurteilung als Führungsmittel und als Instrument der Personalentwicklung nicht voll zum Tragen kommen.

Regeln für die Gesprächsführung

Den **idealtypischen Gesprächsverlauf** zeigt die Abbildung 38.

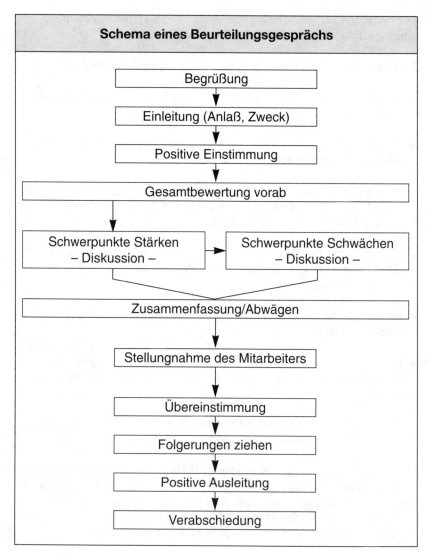

Schema eines Beurteilungsgesprächs

Begrüßung

↓

Einleitung (Anlaß, Zweck)

↓

Positive Einstimmung

↓

Gesamtbewertung vorab

↓

Schwerpunkte Stärken — Diskussion — → Schwerpunkte Schwächen — Diskussion —

Zusammenfassung/Abwägen

↓

Stellungnahme des Mitarbeiters

↓

Übereinstimmung

↓

Folgerungen ziehen

↓

Positive Ausleitung

↓

Verabschiedung

Abbildung 38

● **Phase 1**
Einleitung und Einstimmung

Vertrauensvolle Gesprächsatmosphäre

Der beurteilende Vorgesetzte sollte zu Beginn eine **offene und vertrauensvolle Gesprächsatmosphäre** schaffen. Wo dies angebracht ist, kann er die bisherige gute Zusammenarbeit betonen, auf gute Arbeitsergebnisse hinweisen oder sich nach dem Fortgang von Weiterbildungsbemühungen erkundigen.

Anschließend sollte er dem auf das Beurteilungsergebnis sicher gespannt wartenden Mitarbeiter die Gesamtbewertung vorab mitteilen.

● Phase 2
Schwerpunkte und Diskussionen

Stärken und Schwächen des Mitarbeiters sollten vom Beurteiler offen dargelegt und begründet werden. Dem Mitarbeiter muß deutlich werden, daß es seinem Vorgesetzten um eine sachgerechte und von subjektiven Einflüssen freie Beurteilung geht.

Stärken und Schwächen offen ansprechen

Auch der Mitarbeiter sollte Gelegenheit erhalten, zur Beurteilung Stellung zu nehmen. Ziel sollte sein, daß der **Mitarbeiter** zu einer **realen Einschätzung seiner Leistung** und seines Entwicklungspotentials kommt.

● Phase 3
Übereinstimmung

Vorgesetzter und Mitarbeiter sollten sich anschließend einigen über den **Leistungsstand** im derzeitigen Aufgabengebiet, über die **Leistungsentwicklung** im Beurteilungszeitraum und darüber, welche **realistischen Entwicklungsmöglichkeiten** in der Bank von den Fähigkeiten her bestehen.

Realistische Entwicklungsziele setzen

● Phase 4
Folgerungen und Zielsetzungen

Da die Beurteilung ein Entwicklungs- und Förderungsinstrument ist, sind anschließend **Ziele** für eine eventuell **notwendige Qualifizierung am** derzeitigen **Arbeitsplatz** oder für einen **beruflichen Aufstieg** zu formulieren und terminlich zu fixieren. Der Mitarbeiter sollte darüber hinaus motiviert werden, selbst alles zu tun, um die besprochenen Schwächen zu beheben und seine Stärken gezielter einzusetzen. Es wurde bereits angesprochen, daß die **beurteilenden Führungskräfte** ihren Mitarbeitern als **Entwicklungspartner im Lernprozeß** zur Verfügung stehen sollten. Dem Mitarbeiter sind daher in dieser Phase des Beurteilungsgsprächs konkrete Hilfen – Fördergespräche, Seminare, Ausbildung am Arbeitsplatz usw. – anzubieten.

Notwendige PE-Maßnahmen bestimmen

Unterstützung anbieten

● Phase 5
Zusammenfassung und Verabschiedung

Um sicher zu gehen, daß alles Wesentliche besprochen und Einigkeit über die vereinbarten Entwicklungsmaßnahmen besteht, sollte die beurteilende Führungskraft die **zentralen Inhalte des Gesprächs** noch einmal kurz **zusammenfassen**. Mit seiner Unterschrift bestätigt der Mitarbeiter abschließend das Gesprächsergebnis.

Zentrale Inhalte des Gesprächs zusammenfassen

Merkmalsorientierte Beurteilungsverfahren sind in der Praxis **weit verbreitet**. Wegen der angesprochenen Beurteilungsprobleme, aber auch wegen der vorwiegenden Vergangenheitsbetrachtung werden zunehmend **zielorientierte Verfahren** eingesetzt.

Zielorientierte Beurteilungsverfahren

Sie sind auf den **Vergleich** von **erwarteten** und tatsächlich **erbrachten Leistungen** der Mitarbeiter gerichtet. Häufig werden Zielvereinbarungen zur **Erweiterung eines merkmalsorientierten Beurteilungssystems** herangezogen.

Management by Objectives (MbO)

Zielorientierte Beurteilungssysteme sind bekanntlich Bestandteil der Führungskonzeption „**Management by Objectives**" (MbO). Der Ansatz geht davon aus, *„daß die Leistung des Mitarbeiters wesentlich gefördert wird durch:*

– *konkret vereinbarte, individuelle Ziele,*

– *hohe, realistische und vom Mitarbeiter akzeptierte Ziele,*

– *Vereinbarung und regelmäßige Kontrolle,*

– *gemeinsame Zielbildung/-vereinbarung zwischen Mitarbeiter und Vorgesetzten,*

– *‚Belohnungserwartung' bei Zielerreichung; fördert Motivation, Initiative, Selbständigkeit." (Meier, 1992)*

Positive Ergebnisse

Die im **MbO-Ansatz** vorgesehene aufgaben- bzw. auftragsbezogene **Abweichungsanalyse** (Soll-Ist-Vergleich) deckt möglicherweise Qualifikationslücken und deren Ursachen auf. **Langzeitstudien** belegen die insgesamt **positiven Ergebnisse** sowohl für den Betrieb als auch für die Mitarbeiter, wenn derartige Diagnoseverfahren angewandt werden. Das bei ausschließlich merkmalsorientierten Verfahren beobachtete Phänomen einer Beurteilungstendenz zur Mitte (zum Durchschnitt) vermindert sich rapide. Die **Beurteilungen werden** insgesamt **kritischer**, die Zufriedenheit der Mitarbeiter mit dem Beurteilungssystem **größer** (Berthel, 1995).

Elemente des MbO-Ansatzes

Der **MbO-Ansatz** baut auf folgenden **drei Elementen** auf:

● Oberste Ziele der Bank (objectives) und daraus abgeleitete spezifische Teilziele (goals) für Bereiche, Abteilungen und einzelne Mitarbeiter.

● Klare Organisation, die sich an den Führungsebenen in der Bank und deren Untergliederung orientiert und die eindeutige Verantwortungsbereiche schafft.

- Kontrollsystem, durch das Ergebnisse der einzelnen Bereiche, Abteilungen und Mitarbeiter mit deren jeweiligen Zielen verglichen und Abweichungen analysiert werden können.

Neben diesen Systemelementen ist MbO Ausdruck eines **Führungsstils**, der als partnerschaftlich bezeichnet werden kann: Führungskräfte und Mitarbeiter der Bank werden durch diesen Ansatz in die Gestaltung der Unternehmenspolitik einbezogen.

Wie ein **um MbO-Ziele erweiterter merkmalsorientierter Beurteilungsbogen** gestaltet sein kann, zeigt das folgende Beispiel:

Ein um MbO-Ziele erweiterter merkmalsorientierter Beurteilungsbogen
Formular Beurteilung mit Zielvereinbarung Seite 1
Unternehmen ...   **Beurteilung mit Zielvereinbarung**
Name des Mitarbeiters ... Name des Beurteilers ...   Personalnummer ... Beurteilerposition ...   Mitarbeiterposition ...   Eintritt ins Unternehmen ...   Letzte Beurteilung ...
Hauptaufgaben der Stelle: –   –   –   –   –   –
Gesamt- beurteilung (s. Seite 2) O Mitarbeiter/in entspricht noch nicht den Stellenanforderungen.   O Mitarbeiter/in entspricht den Anforderungen der Stelle.   O Mitarbeiter/in besitzt Potential für höherwertige Aufgaben.
Kommentare, unterschiedliche Standpunkte, Wünsche:
Vorgeschlagene Entwicklungsmaßnahmen:

Formular Beurteilung mit Zielvereinbarung Seite 2							
Beurteilung	Positionsbedeutung keine mittel hoch			Beurteilungsstufe 1 2 3 4 5			
Arbeitsleistung + Arbeitsverhalten	O	O	O	O O O O O			
Planungs- + Organisationsverhalten	O	O	O	O O O O O			
Problemlösungs- + Entscheidungsverhalten	O	O	O	O O O O O			
Initiative + Selbständigkeit	O	O	O	O O O O O			
Kreativität	O	O	O	O O O O O			
Wirtschaftliches Verhalten	O	O	O	O O O O O			
Kommunikation + Kooperation	O	O	O	O O O O O			
Führungsverhalten	O	O	O	O O O O O			

Wichtige MbO-Ziele und Aufgaben (z. B. aus Funktionsbeschreibung)	Kommentar zur Zielerreichung und Beurteilung	
1. ...	...	O O O O O
2. ...	...	O O O O O
3. ...	...	O O O O O
4. ...	...	O O O O O
5. ...	...	O O O O O
Unterschriften: Vorgesetzter	Mitarbeiter	

Abbildung 39

(Quelle: Meier, 1992)

Zusammenfassend läßt sich feststellen, daß **Personalentwicklung** immer dann erforderlich wird, wenn sich Diskrepanzen zwischen den Anforderungen der Bank an die Mitarbeiter und deren Qualifikation ergeben und diese nicht über Personalbeschaffung ausgeglichen werden können oder sollen.

Teilaktivitäten der Personalentwicklung

Die **Teilaktivitäten der Personalentwicklung**, die in diesem Abschnitt behandelt wurden, lassen sich wie folgt charakterisieren:

● Bestimmung der aktuellen und künftigen Anforderungen bzw. Anforderungsprofile.

- Ermittlung von Fähigkeiten und Entwicklungspotentialen der Mitarbeiter.

- Ermittlung des Entwicklungsvolumens einzelner Abteilungen, Bereiche und der Gesamtbank.

- Festlegung des Adressatenkreises für Personalentwicklung.

- Festlegung von Entwicklungsmaßnahmen für einzelne Mitarbeiter.

- Durchführung der PE-Maßnahmen und

- Kontrolle der Personalentwicklung.

Wie die zusammenfassende Abbildung zeigt, hängen diese Teilaktivitäten miteinander zusammen und schließen sich allenfalls in Ausnahmefällen aus.

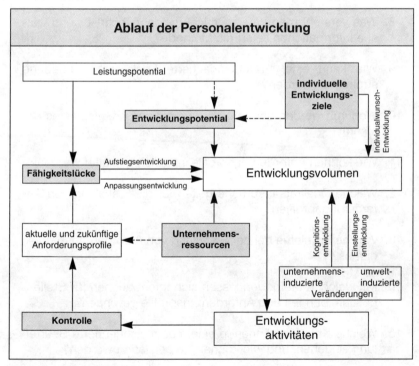

Abbildung 40

(Quelle: Scholz, 1989)

Arbeitsaufgaben

1. Welches Ziel verfolgt die PE-Planung?

2. Wie kann der Entwicklungsbedarf ermittelt werden?

3. Welche personalwirtschaftlichen Instrumente werden bei der Entwicklungsplanung eingesetzt?

4. Was versteht man unter einer Stellenbeschreibung, und welche für Personalentwicklung wichtigen Informationen liefert sie?

5. Wie ist eine Stellenbeschreibung aufgebaut?

6. Worin liegt der entscheidende Nachteil von Stellenbeschreibungen für die Personalentwicklung?

7. Was versteht man unter einer strategieorientierten Funktionsbeschreibung?

8. Was versteht man unter „Critical-Incident-Technik", und welche Informationen liefert die Methode?

9. Wie kann eine strategieorientierte Funktionsbeschreibung strukturiert werden?

10. Wodurch werden die Anforderungen eines Arbeitsplatzes bestimmt?

11. Wie können Anforderungsprofile inhaltlich gestaltet werden?

12. Welche Qualitätsansprüche gelten für die Erstellung von Anforderungsprofilen?

13. Welche Probleme bei der Erstellung von Anforderungsprofilen gibt es?

14. Mit welchen Methoden lassen sich Informationen für Stellenbeschreibungen und Anforderungsprofile gewinnen?

15. Welche Kriterien können in eine merkmalsorientierte Beurteilung eingehen, und wie können sie gegliedert werden?

16. Welche zentralen Anforderungen sind bei der Konstruktion einer merkmalsorientierten Beurteilung zu berücksichtigen?

17. Welche typischen Fehlerquellen beeinträchtigen häufig die Beurteilungsergebnisse?

18. Welche Ziele verfolgt das Beurteilungsgespräch?

19. In welche idealtypischen Phasen läßt sich ein Beurteilungsgespräch unterteilen?

20. Was versteht man unter zielorientierten Beurteilungsverfahren?

21. Auf welchen Elementen basiert die Führungskonzeption „Management by Objectives" (MbO)?

22. In welche Teilaktivitäten läßt sich Personalentwicklung gliedern?

3.5 PE-Maßnahmen

Orientierungsfall

Die Personalleiter der Altus Bank sind sich einig, die Aus- und Weiterbildung der Mitarbeiter künftig auf strategisch wichtige Kernfähigkeiten, abgeleitet aus den Zielen der Bank, zu konzentrieren. Der bedarfsorientierten Förderung von Schlüsselqualifikationen soll künftig mehr Aufmerksamkeit geschenkt werden. Seminare und Workshops, die ihren Nutzen nicht überzeugend unter Beweis stellen können, sollen aus dem Bildungsangebot der Bank gestrichen werden. Aus dem breiten Spektrum von PE-Maßnahmen sollen verstärkt die vielfältigen Formen des Training-on-the-job genutzt werden.

Vielzahl von Entwicklungsmöglichkeiten

Dem Personalentwickler stehen eine Vielzahl von konkreten **Entwicklungsmaßnahmen** zur Verfügung, um bei den Mitarbeitern die notwendigen beruflichen Handlungskompetenzen aufzubauen.

Die verschiedenen Methoden lassen sich in **sechs Gruppen von Aktivitäten** ordnen:

- Personalentwicklung **into the job** als Hinführung zu einer neuen Tätigkeit,

- Personalentwicklung **on the job** als direkte Maßnahme am Arbeitsplatz, z. B.
  - planmäßiger Arbeitsplatzwechsel,
  - Urlaubs-/Krankheitsvertretung,
  - Sonderaufgaben,
  - Kooperationsprojekt,

- Personalentwicklung **near the job** als arbeitsplatznahes Training,

- Personalentwicklung **off the job** als Weiterbildung, z. B.
  - Konferenzmethode,
  - Seminare,
  - Fallstudien,
  - Sensitivitätstraining,
  - programmierte Unterweisung,

- Personalentwicklung **along the job** als laufbahnbezogene Entwicklung und

- Personalentwicklung **out of the job** als Ruhestandsvorbereitung (Remer, 1978; Conradi, 1983).

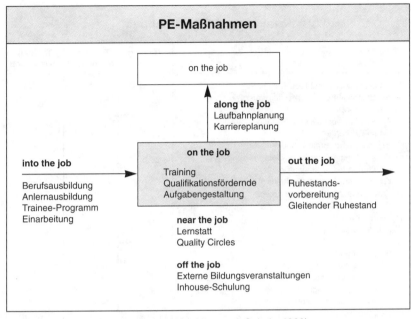

Abbildung 41

(Quelle: Modifiziert nach Conradi, 1983; zitiert nach Scholz, 1989)

Aus- und Fortbildung, Training am Arbeitsplatz, Karriereplanung usw. als Teilbereiche der Personalentwicklung können in der Praxis häufig nicht getrennt voneinander gesehen werden. Die **praktische Personalarbeit** im Bereich der Personalentwicklung ist vielfach nur sinnvoll als **Kombination von Maßnahmen** aus allen dargestellten Feldern. Die enge **Verzahnung** der PE-Bereiche findet sich auch in einigen PE-Methoden wieder.

Kombination einzelner Maßnahmen sinnvoll

So ist beispielsweise das Instrument des **Qualitätszirkels** nicht nur geeignet, Mitarbeiter fortzubilden. Qualitätszirkel führen immer auch zu einer Umstrukturierung des Arbeitsfeldes für jedes Gruppenmitglied. Die Methode des **Job-Rotation** enthält immer auch **Elemente eines On-the-job-Training** und kann bei längerfristiger Betrachtung einer Mehrzahl von Positionen, die durchlaufen werden, als spezielle Form einer Folge von geplanten Versetzungen gesehen werden (Karriereplanung) (Berthel, 1995).

Die folgende **Zusammenstellung von PE-Aktivitäten** zeigt das breite Spektrum einsetzbarer Maßnahmen und dokumentiert zugleich den bereits angesprochenen, untergeordneten Stellenwert von Seminaren:

Katalog der PE-Maßnahmen

PE-Maßnahme	Training on-the-job	Training off-the-job	Training near-the-job
○ Arbeitsbereicherung (Job-Enrichment)	x		
○ Arbeitserweiterung (Job-Enlargement)	x		
○ Arbeitsgruppe			x
○ Arbeitsplatzwechsel (Job-Rotation), Cross-Exchange	x		
○ Brainstorming, Brainwriting		x	x
○ Einarbeitung, (planmäßige Unterweisung)	x		
○ Einführung neuer Mitarbeiter		x	x
○ Erfahrungsaufenthalt (Praktikum)			x
○ Erfahrungsgruppen (Förderkreise)		x	x
○ Fachlehrgang		x	
○ Fachliteratur		x	
○ Fallstudie		x	
○ Fernunterricht		x	
○ Gruppenberatungsgespräch		x	x
○ Gruppendynamisches Training		x	
○ Integrierte Kleingruppe			x
○ Konferenz, Fachtagung, Messe		x	
○ Laufbahn-/Nachfolgeplanung	x		
○ Lehrgespräch		x	
○ Lernstatt			x
○ Mitarbeiterberatung, Betriebspate/Mentoring, Coaching/Rollenberatung		x	x
○ Mitarbeitergespräch			x
○ Modellentwicklungswege	x		
○ Multiple-Management	x		
○ Nachfolge-/Assistenstelle, Entwicklungs- arbeitsplatz, multiple Führung	x		x
○ Organisationsentwicklung			x
○ Planspiel		x	
○ Programmierte Unterweisung		x	
○ Projektarbeit	x		
○ Qualitätszirkel			x
○ Referat, Vortrag, Vorlesung		x	
○ Rollenspiel		x	
○ Sonderaufgaben	x		
○ Stellvertretung	x		
○ Supervision			x
○ Teamentwicklung			x
○ Teamteaching		x	
○ Teamtraining		x	
○ Teilautonome Arbeitsgruppe	x		
○ Traineeprogramm	x		x
○ Übungs-/Juniorenfirma	x		x
○ Verhaltenstraining		x	
○ Workshop		x	x

Abbildung 42

Zehn ausgewählte Maßnahmen

Aus dem **Katalog der PE-Aktivitäten** werden nachfolgend **10 Maßnahmen** erläutert, die für die Bankpraxis besondere Bedeutung haben. Die ebenfalls wichtigen Instrumente Laufbahn- und Nachfolgeplanung, Lernstatt, Qualitätszirkel und Organisationsentwicklung wurden bereits ausführlich behandelt.

(1) Arbeitsbereicherung (Job-Enrichment)

Job-Enrichment

Die Arbeitsbereicherung faßt strukturell verschiedene Elemente der Arbeit (Planung, Durchführung/Entscheidung, Kontrolle) zusammen, indem sie die Entscheidungs- und/oder Kontrollspielräume der Arbeitsaufgabe erweitert. Dabei bieten sich folgende **Gestaltungsmöglichkeiten**:

- gezielte Erweiterung des gesamten Aufgabengebietes durch zusätzliche Entscheidungskompetenzen,

- Erweiterung einzelner Arbeitsaufgaben durch besondere Vollmachten/Kompetenzen.

Vorteile von Job-Enrichment sind:

Vorteile

- individuelle Steuerung der Entwicklung des Mitarbeiters,

- Erweiterung der Sichtweise von Arbeitsaufgaben aus übergeordneter Funktion,

- Förderung der Motivation durch Kompetenzzuweisungen,

- Förderung des abteilungs- bzw. bereichsübergreifenden Denkens und Handelns.

Job-Enrichment sollte an folgenden **Regeln** orientiert werden:

Regeln

- Die Arbeitsaufgabe sollte so gestaltet sein, daß der Mitarbeiter einen möglichst großen Handlungs- und Entscheidungsspielraum im Rahmen eines sinnvollen Verantwortungsbereiches übertragen bekommt und durch die Entfaltung seiner eigenen Leistungsfähigkeit Erfolgserlebnisse hat.

- Die Arbeitsaufgabe sollte Möglichkeiten und Anreize zur selbständigen Weiterentwicklung von Kenntnissen und Fähigkeiten schaffen.

- Die Kompetenz-/Vollmachterweiterung sollte so gestaltet werden, daß ganzheitliche oder bereichsübergreifende Aufgaben entstehen.

(2) Arbeitserweiterung (Job-Enlargement)

Job-Enlargement

Die Arbeitserweiterung (des Tätigkeitsspielraums) versucht, mehrere gleichartige Tätigkeiten, die bisher an verschiedenen Arbeitsplätzen (von verschiedenen Mitarbeitern) ausgeführt wurden, zusammenzufassen. Dabei ergeben sich verschiedene **Gestaltungsmöglichkeiten**:

Gestaltungs-möglickeiten

- feste Implementierung von Projekt-/Sonderaufgaben in die Arbeitsorganisation,

- dauerhafte Übernahme von Aufgaben aus anderen Stellen/Abteilungen,

- schrittweise Umstrukturierung der Aufgaben in einzelne Organisationseinheiten.

Vorteile Die Arbeitserweiterung führt zu **Vorteilen** für den einzelnen Mitarbeiter, aber auch für die Arbeitsgruppe:

- positive Auswirkungen auf die Motivation,

- individuelle, gut steuerbare Entwicklung einzelner Mitarbeiter,

- Förderung der Flexibilität der Mitarbeiter für künftige Einsätze,

- gezielte Arbeitsumstrukturierung in einer Gruppe.

Regeln Auch bei Job-Enlargement sollten einige **Regeln** beachtet werden:

- Die neuen Aufgaben sollten den Mitarbeiter möglichst unterschiedlich fordern und seine Fähigkeiten und Erfahrungen berücksichtigen.

- Die neuen Aufgaben sollten Möglichkeiten und Anreize für den Mitarbeiter bieten, seine Kenntnisse und Fähigkeiten zu erweitern.

- Die Aufgabenzuordnungen sollten möglichst ganzheitlich strukturiert sein (Planung, Durchführung, Kontrolle) und/oder in inhaltlichem Zusammenhang stehen.

Job-Rotation
Cross-Exchange **(3) Arbeitsplatzwechsel (Job-Rotation, Cross-Exchange)**

Mit Job-Rotation bezeichnet man ein Verfahren, bei dem Mitarbeiter meist einer Arbeitsgruppe nach einem festen oder variablen Schema wechselnde Aufgaben wahrnehmen. Auch für dieses Verfahren bieten sich verschiedene **Gestaltungsmöglichkeiten**:

- gezielte Veränderung von Tätigkeits- und/oder Entscheidungsspielräumen zur Vermittlung zusätzlicher Qualifikationen, z. B. vor der Übernahme einer Führungsaufgabe,

- Variante der Arbeitsstrukturierung: Mitarbeiter einer Arbeitsgruppe wechseln regelmäßig in bestimmter Reihenfolge ihre Arbeitsaufgaben,

- Traineeprogramm als Variante der Job-Rotation für Hochschulabsolventen oder Berufseinsteiger.

Vorteile eines systematischen Arbeitsplatzwechsels sind:

- Verbesserung der Anpassungs- und Kooperationsfähigkeit der Mitarbeiter,

- breite Entwicklung der Mitarbeiter durch die Bearbeitung unterschiedlicher Aufgaben/Probleme,

- Gelegenheit der Mitarbeiter, eigene Stärken/Schwächen bei der Aufgabenausführung und Zusammenarbeit mit Kollegen zu reflektieren,

- Förderung der Flexibilität der Mitarbeiter für die Übernahme anderer Funktionen,

- bessere Vergleichsmöglichkeiten zwischen den Mitarbeitern und dadurch zuverlässigere Einsatz-Beförderungsentscheidungen,

- Abbau von Bereichsegoismen und bessere Kommunikation zwischen Abteilungen/Bereichen,

- Erschließung des Ideenpotentials der Mitarbeiter.

Eine spezifische Form des Aufgaben- oder Arbeitsplatzwechsels ist das **Cross-Exchange**. Dabei übernimmt ein Mitarbeiter für eine befristete Zeit die Aufgaben eines anderen Mitarbeiters. Dieses Verfahren wird oft genutzt, um z. B. den Know-how-Transfer innerhalb der Bank oder einer Abteilung sicherzustellen. Zusätzlich dienen Cross-Exchange-Maßnahmen der Förderung der Kooperation innerhalb der betrieblichen Funktionsbereiche (Faix, 1991).

Für die Durchführung von Job-Rotation gelten die gleichen **Regeln** wie für Job-Enrichment und Job-Enlargement. Zusätzlich sollte beachtet werden, daß

- eine weitere Entwicklung der Mitarbeiter nur nach erfolgreicher Aufgabenerfüllung (Bewährungsprinzip) erfolgt und

- eine Mindestverweilzeit in der Funktion garantiert ist, damit der Mitarbeiter durch seine Arbeit einen angemessenen Beitrag zum Unternehmenserfolg leisten kann.

(4) Einführung neuer Mitarbeiter

Hierbei handelt es sich um eine einfache und wirtschaftliche PE-Maß-
nahme, deren **Bedeutung in der Praxis leider oft nicht erkannt** wird.
Die fehlende oder mangelhafte Einführung neuer Mitarbeiter ist der
Hauptgrund für die in den ersten 3 bis 6 Monaten der Betriebszu-
gehörigkeit zu beobachtende **hohe Fluktuationsbereitschaft**.

Für die **Einführung neuer Mitarbeiter** läßt sich **kein Patentrezept**
Leitlinien formulieren. Allerdings lassen sich **Leitlinien** für verschiedene Phasen
der Betreuung nennen (Stopp, 1991):

* Vorbereitung auf den neuen Mitarbeiter,

* Begrüßung des neuen Mitarbeiters und Einführung in die Arbeitsgruppe,

* Einführung des neuen Mitarbeiters in die Ordnung und die Umge-
  bung der Bank,

* Einführung des neuen Mitarbeiters in seine Arbeitsaufgaben,

* Einführung des neuen Mitarbeiters in die Organisationsstruktur der
  Bank,

* Anlernen des neuen Mitarbeiters am Arbeitsplatz,

* periodische Kontrolle des Fortschritts des neuen Mitarbeiters.

Patenmodell Bewährt hat sich auch das **Patenmodell**. Ein erfahrener Mitarbeiter
übernimmt für eine bestimmte Zeit die persönliche Beratung und Betreuung des neuen Kollegen.

Erfahrungsgruppen/
Fachkreise

(5) Erfahrungsgruppe (ERFA-Gruppen, Förderkreise)

Erfahrungsgruppen sind **Fachkreise** mit Teilnehmern aus verschiedenen Bereichen, Abteilungen oder Niederlassungen einer Bank, die
sich in regelmäßigen Abständen (z. B. vierteljährlich) treffen. Im Vordergrund steht der **Gedankenaustausch** und die **Diskussion** über
bestimmte **Probleme** der **betrieblichen Praxis**. Die Gestaltung einer
solchen Veranstaltung kann ganz unterschiedlich sein, vom Vortrag
mit Diskussion bis zu gemeinsamen Besichtigungen. ERFA-Gruppen
können in der Bank auch als Qualitätszirkel entstehen, die oft eine
effiziente Form der Personalentwicklung darstellen.

Die **Vorteile** liegen in der relativ selbständigen Gestaltbarkeit der ERFA-Veranstaltung durch die Teilnehmer, der Erweiterung der individuellen Perspektive der einzelnen Mitarbeiter durch die Diskussion mit Kollegen aus anderen organisatorischen Einheiten der Bank und der Flexibilität der Themenbearbeitung.

Vorteile

(6) Fallstudien

Fallstudien/Simulation der Praxis

Bei Fallstudien handelt es sich um sorgfältig konzipierte **Simulationen von Informations- und Entscheidungszusammenhängen** aus der Praxis. Anhand eines beschriebenen Praxisfalles sollen Einflußgrößen in ihrer Abhängigkeit und Bedeutung erkannt und in eine Problemlösung umgesetzt werden. Mit dem Einsatz von Fallstudien sollen folgende **Ziele** erreicht werden:

Ziele

- Sensibilisierung für relevante Verhaltens-/Wissenskomplexe,

- Wissensvermittlung,

- Übung und Anwendung von Verhaltensweisen und Wissensinhalten.

Im Gegensatz zum Rollenspiel, bei dem Emotionen geweckt werden und neue Verhaltensformen geübt werden, bewegt sich die Fallstudie mehr auf der **intellektuellen Ebene**, das heißt, sie fordert analytisches Denken, Informationen zu erkennen und Prioritäten zu setzen. Fallstudien können in der Praxis entweder von jedem Teilnehmer allein oder in der Gruppe bearbeitet werden.

Die **Vorteile** der Fallstudie sind:

Vorteile

- Förderung von analytischem Denken/Entscheidungsfähigkeit,

- Vervollständigung und Anwendung von neuem Wissen,

- Verstärkung der Bereitschaft zu kooperativem Handeln im Bankalltag,

- Förderung von Initiative und Selbständigkeit sowie im Falle erfolgreicher Entscheidungen des Selbstvertrauens,

- gute Lernerfolgskontrolle,

- Praxisnähe,

- hohe Teilnehmeraktivierung.

Probleme/
Nachteile

„Nicht zu übersehen ist aber auch, daß die Fallmethode **Probleme** *mit sich bringt und mit* **Nachteilen** *behaftet ist.* **Problematisch** *sind Fälle, wenn*

– *die ihnen zugrunde liegenden Modelle auch nicht praxisgerechtes Verhalten honorieren,*

– *sie Tatbestände der Vergangenheit schildern, ohne daß zukunftsbezogene Auswirkungen der mit der Lösung getroffenen Entscheidungen erkennbar werden,*

– *in Lösungen von Fallbeispielen erfolgreiches Verhalten in der Praxis nachgeahmt wird, statt Wege zu eigenen Problemlösungen zu suchen.*

Nachteile *können darin liegen, daß*

– *sowohl die Kosten für die Fall- und Modellkonstruktion hoch sind als auch die für die Durchführung benötigte Zeit lang ist (1 bis 3 Tage),*

– *insbesondere bei computergestützten Modellen durch Vergrößerung der Komplexität des Falles dessen Realitätsbezug zu erhöhen versucht wird, wodurch jedoch oft die Übersicht der Teilnehmer über das ganze Modell und seine Zusammenhänge eingeschränkt wird oder sogar verlorengeht.“ (Berthel, 1995; Hervorhebungen von Grote)*

Multiple-Management

(7) Multiple-Management

Das Multiple-Management ist ähnlich der Assistenten-/Nachfolgeposition, die auf einen Mitarbeiter und eine Stelle angelegt ist, auf eine **Gruppe von Mitarbeitern** gerichtet. Diese Methode ist speziell zur **Ausbildung und Entwicklung von Führungskräften** geeignet (Sattelberger, 1989).

Junior-Leitungen

Parallel zu den Führungsgremien in der Bank (Vorstand, Abteilungsleitungen usw.) werden **Junior-Leitungen** aus dem Kreis der Nachwuchskräfte als eine Art „**Schattenkabinett**“ gebildet. Das offizielle Management delegiert die Bearbeitung aktueller und realer Probleme auf den Nachwuchskreis. Dazu stehen der Junior-Leitung alle Informationen zur Verfügung, die auch den jeweiligen Führungskräften der Bank bekannt sind, die letztendlich die endgültige Entscheidung und Verantwortung für die von der Junior-Leitung vorgeschlagenen Lösungen und Vorgehensweisen übernimmt.

(8) Programmierte Unterweisung

Programmierte Unter-
weisung/Selbststudium

Die programmierte Unterweisung ist eine nach **lerntheoretischen Gesichtspunkten** gestaltete **Form des Selbststudiums**, wobei der Lehrstoff in Lerneinheiten gegliedert ist. Der gesamte Lernprozeß ist nach dem **Prinzip des Regelkreises** strukturiert: Information – Frage – Antwort – Kontrolle. Die Teilnehmer werden in jeder Lerneinheit zu einer aktiven Stellungnahme veranlaßt. Um weiterzukommen, müssen sie laufend Fragen beantworten. Die Richtigkeit seiner Antwort kann der Teilnehmer selbst kontrollieren. Da jeder Mensch unterschiedliche **Lernvoraussetzungen** mitbringt, erlaubt es die programmierte Unterweisung jedem Teilnehmer, das **Lerntempo** seinem individuellen **Lernvermögen** anzupassen.

Prinzip des
Regelkreises

Programmierte Unterweisungen werden heute oft **computerunterstützt** angeboten und durchgeführt. Derartige Lernprogramme werden unter **vielfältigen Bezeichnungen** diskutiert: Computer Based Training (CBT), Computer Based Education (CBE), Computer Based Learning (CBL), Computer Managed Learning (CML), Computer Assisted Management of Learning (CAMOL), Computer Aided Learning (CAL), Computer Assisted Learning (CAL), Computerunterstützter Unterricht (CUU). Im internationalen Sprachgebrauch ist die Bezeichnung Computer Based Training am häufigsten anzutreffen.

Computer Based
Training

Die Lernprogramme werden in der Praxis insbesondere zur **Vermittlung von langfristig gültigen Regeln** verwendet, die für einen großen Verwenderkreis von Bedeutung sind.

„Typische Lernprogramme in Banken sind z. B.:

Typische
Anwendungsfelder

– Vokabeltraining (Banking, Financial English),

– Tastaturtraining (SM-/Terminal-Tastatur),

– Buchführungs- und Rechentraining,

– Prüfungsvorbereitungsprogramme,

– Einführung in die EDV,

– Unternehmens-/Bankplanspiele,

– Spezielle Kurse (Wechsel, Wertpapiere, neue Produkte, ...)."
(Meier, 1992)

Grenzen der programmierten Unterweisung

Die **Einsatzmöglichkeiten** und damit die **Grenzen** von programmierten Unterweisungen sind klar bestimmt. Die Programme eignen sich nur zur **Vermittlung von kognitiven**, nicht aber von affektiven **Lerninhalten**. Problematisch an dieser Methode ist die **soziale Isolation der Lernenden**.

Traineeprogramm

(9) Traineeprogramm

Traineeprogramme können als zweite anwendungsorientierte **Ausbildungsphase** interpretiert werden, die sich in Banken vorwiegend an ein grundlagenorientiertes Hochschul- bzw. Fachhochschulstudium anschließt. Allerdings werden auch Studenten parallel zum Studium in Teilzeit sowie qualifizierte Nachwuchskräfte nach der Ausbildung in Traineeprogrammen weiterqualifiziert. **Ziel** ist die **Heranbildung von Führungsnachwuchskräften**.

Ziel: Heranbildung von Führungsnachwuchs

Schwerpunkte der Ausbildung

Traineeprogramme sollen dazu beitragen, **berufsfähige Mitarbeiter zu berufsfertigen Nachwuchskräften auszubilden**. Dazu bedarf es der Bereitstellung von Überblickswissen über die jeweiligen bankbetrieblichen Fakten und Zusammenhänge, der Vermittlung spezifischer Kenntnisse und Fähigkeiten, die zur Übernahme von Funktionsverantwortung notwendig sind, des Wissens um soziale Zusammenhänge in der Bank und des Heranführens an den praktischen Umgang mit betrieblichen Problemen. Ein **zweiter Schwerpunkt** derartiger Programme liegt stets auch auf dem Gebiet der Sozialisation in das bankbetriebliche Wert- und Wissensgefüge.

Typische Merkmale des Programms

Typische Merkmale von Traineeprogrammen sind die Dominanz von On-the-job-Training, systematischem Arbeitsplatzwechsel, Ergänzung durch Selbststudium und seminaristische Trainingseinheiten.

Wie ein **Traineeprogramm** zur Vorbereitung auf die Tätigkeit eines Firmenkundenbetreuers gestaltet werden kann, zeigt die Abbildung 43.

Übungsfirmen

(10) Übungs-/Juniorenfirmen

Projektorientierte Ausbildung

Seit Mitte der 70er Jahre wird in einigen Unternehmen eine **projektorientierte Ausbildung** praktiziert. Innerhalb des Unternehmens wird ein **eigener kleiner Betrieb** etabliert, in dem Auszubildende, akademische Nachwuchskräfte und förderungswürdige Mitarbeiter mit realen Arbeitsaufgaben, Entscheidungen und Problemen des betrieblichen Alltags konfrontiert werden. Alle wichtigen betrieblichen Funktionen werden von den Teilnehmern besetzt.

Traineeprogramm Firmenkundengeschäft				
Phase	**Monat**	**Praktische Tätigkeit**	**Infoaufenthalte**	**Seminare**
Orien-tierung	1	Allgemeines Schaltergeschäft,		Einführungsveranstaltung
	2	Hamburg		
	3	Vermögensanlage,		WP-Geschäft
	4	Hamburg		
	5	Kreditbearbeitung,		Kredit- und Darlehens-
	6	Hamburg		geschäft der Hypo-Bank
	7	Baufinanzierung,		Hypothekengeschäft, Teilnahme
	8	München, AS	Fachressort: Planung + Verkaufs-	-bewertungsseminar an einer
	9	Auslandsgeschäft,	förderung, Projektmitarbeit	Auslandsgeschäft Arbeits-
	10	Hamburg	Außenhandel, München, Zentrale	gruppe
Speziali-sierung	11	Fachressort: Planung + Verkaufs-förderung, Projektmitarbeit		Forum (geschäftspol. Themen)
	12	Kreditbearbeitung,	Auslandskreditabteilung	
	13	München, AS	Zentrale	Kreditsicherheiten
	14	Kreditgeschäft,	Auslandsfinanzierungen	
	15	London	Zentrale	Bilanzanalyse
	16	Assistenzzeit bei	Devisenhandel, Zentrale	
	17	Firmenkundenbetreuer	Firmengeschäft – Programm-/	Steuerseminar,
	18		Leasingkredite, Zentrale	Kreditsicherheit spezial
				Abschlußveranstaltung

Abbildung 43

(Quelle: Oppitz, 1989; zitiert nach Meier, 1992)

Für diese Maßnahme bieten sich folgende **Gestaltungsmöglichkeiten** an:

Gestaltungs-möglichkeiten

- Übungsfirma mit simuliertem Geschäftsbetrieb, das heißt, es wird mit fiktivem Geld und fiktiven Kundenbeziehungen gearbeitet.

- Übungsfirma mit realem Geschäftsbetrieb, das heißt, es wird mit realem Geld und realen Kunden gearbeitet. Diese Firmen sind in der Regel rechtlich unselbständig, um das finanzielle Risiko zu mindern. Es gibt aber auch im Handelsregister eingetragene rechtlich selbständige Übungsfirmen.

Verbreitet sind Übungs-/Juniorenfirmen in der Industrie, wo sie oft die Produkte einer gewerblichen Lehrwerkstatt vermarkten oder im Dienstleistungsbereich, wo ganze Filialen und Abteilungen von Auszubildenden oder Trainees für eine bestimmte Zeit geführt werden. Im **Bankenbereich** hat dieses Instrument der Personalentwicklung bisher noch **wenig Beachtung** gefunden. Es sollte jedoch als Idee für eine **arbeitsplatznahe Qualifizierung** von Mitarbeitern gerade in Zeiten einer marktorientierten Reorganisation des Bankbetriebes und dem Ziel „leaner" Unternehmensstrukturen mehr Beachtung erfahren.

„Leane"
Personalentwicklung

„Lean oder nicht lean sein" ist auch für die **Personalentwicklung** zur **Kardinalfrage** geworden. Nur dort, wo eine schlanke, Informationsumwege und Transferprobleme vermeidende Weiterbildung die tatsächlich erforderlichen Schlüsselqualifikationen entwickelt, wird eine Wertschöpfung erzielt, die die Kunden honorieren.

Arbeitsaufgaben

1. In welche sechs Gruppen lassen sich die verschiedenen PE-Aktivitäten unterteilen?

2. Wodurch unterscheiden sich die PE-Aktivitäten Job-Enrichment, Job-Enlargement und Job-Rotation?

3. Welche Vorteile der einzelnen Methoden lassen sich nennen, und welche Regeln sind zu beachten?

4. Aus welchem Grund sollte der Einführung neuer Mitarbeiter besondere Aufmerksamkeit gewidmet werden?

5. Für welche PE-Ziele bietet sich der Einsatz von Fallstudien an?

6. Welche Probleme bzw. Nachteile können mit dem Einsatz von Fallstudien verbunden sein?

7. Was versteht man unter „programmierter Unterweisung" und wie ist der Lernprozeß strukturiert?

8. Welche typischen Anwendungsfelder für programmierte Unterweisungen lassen sich nennen?

9. Welche PE-Ziele werden mit einem Traineeprogramm verfolgt, und durch welche typischen Merkmale ist ein solches Programm gekennzeichnet?

10. Was versteht man unter „leaner" Personalentwicklung, und an welchen Grundsätzen sollte sie orientiert werden?

3.6 Modellentwicklungswege der Personal-entwicklung in Banken

> *Das strategieorientierte PE-Konzept der Altus Bank ist fertigge-stellt. Leitsätze und Aktionsfelder sind bestimmt, die Aufgabenzu-ordnung ist erfolgt, und die personalwirtschaftlichen Instrumente für die Bedarfsplanung sind den strategischen Erfordernissen an-gepaßt. Abschließend möchten die Personalleiter ihr Konzept in Form von Modellentwicklungswegen darstellen. Für typische Ziel-positionen der Bank wollen sie die idealtypischen Schritte von Po-sition zu Position im Training-on-the-job anschaulich präsentieren. Die Modellentwicklungswege sollen als Planungshilfe bei der indi-viduellen Gestaltung der beruflichen Laufbahn der Mitarbeiter die-nen und zugleich allen Beteiligten mehr Transparenz über die Ziele und Inhalte der strategischen Personalentwicklung in der Altus Bank verschaffen.*

Orientierungsfall

Entsprechend den behandelten Leitlinien und Aktionsfeldern einer strategie- und innovationsorientierten Personalentwicklung im Bank-betrieb sollte die **traditionelle Laufbahnentwicklung** (Gruppenleiter, Abteilungsleiter, Hauptabteilungsleiter usw.) durch flexible Formen der Nachfolge und Entwicklungsplanung abgelöst werden. **Modellent-wicklungswege** bzw. -pfade, die sich an den bankspezifischen (Schlüssel-) Qualifikationen und Zielgruppen orientieren, sollten an ihre Stelle treten.

Traditionelle Laufbahn-entwicklung ist überholt

Konzept der Modell-entwicklungswege

Abgesehen von Spezialistenpositionen (Recht, Steuern) eignet sich das **Konzept der Modellentwicklungswege** für alle Positionen in ei-ner Bank, die häufig zu besetzen sind und/oder die Mitarbeiter qualifi-zieren, kurzfristig andere Funktionen zu übernehmen (Meier, 1992).

Vgl. Abbildung 44

Das Konzept der Modellentwicklungswege richtet sich an banktypi-schen **Zielpositionen** aus, etwa der Kundenbetreuung im P- oder F-Geschäft, im Commercial oder Corporate Banking, der Wertpapier-technik, der Finanzanalyse oder der Leitung von Filialen oder Nieder-lassungen.

Ausrichtung an banktypischen Zielpositionen

Die einzelnen **Phasen** lassen sich wie folgt kennzeichnen (Meier, 1992):

Entwicklungsphasen

● **Einstiegsphase**

Qualifizierte Nachwuchskräfte, die nach einem Studium ihre berufliche Laufbahn in der Bank beginnen wollen, und junge Mitarbeiter mit über-durchschnittlichem Ausbildungsergebnis werden auf der Grundlage einer neigungsgerechten **individuellen Entwicklungsplanung** in das Programm aufgenommen.

Individuelle Entwick-lungsplanung

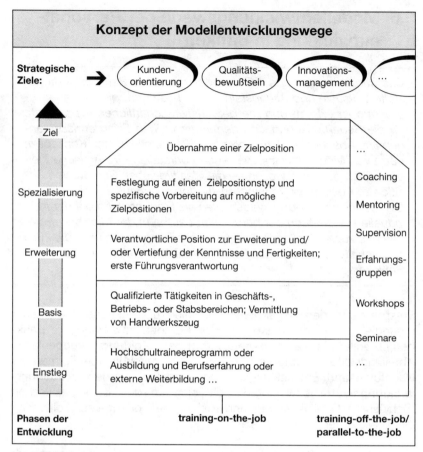

Abbildung 44

(Quelle: Meier/Schindler, 1991; zitiert nach Meier, 1992)

● **Basisentwicklung**

Handwerk lernen

Es folgen sachbearbeitende Tätigkeiten im Geschäfts-, Betriebs- oder Stabsbereich, in der das „Handwerkszeug" der Bearbeitung, des Verkaufens gelernt und die notwendigen Produktkenntnisse erworben werden.

● **Erweiterungsphase**

Spezialisierung

Die verantwortliche Übernahme einer qualifizierten Funktion als Kundenbetreuer, Gruppenleiter oder Zweigstellenleiter dient anschließend der Spezialisierung und Erweiterung der Kenntnisse und Fertigkeiten – z. B. um erste Führungserfahrung – und der Überprüfung, ob die anvisierte Zielposition weiter verfolgt werden soll/kann.

● **Spezialisierungsphase**

Festlegung auf Zielposition

In dieser Phase erfolgt die Festlegung auf eine Zielposition und die entsprechende spezifische Vorbereitung auf mittelfristig frei werdende

Stellen. In Großbanken als Referats- oder Filialleiter, in kleinen/mittleren Banken als stellvertretender Niederlassungsleiter oder Leiter einer größeren Zweigstelle.

● **Zielphase**

Schließlich erfolgt die Übernahme der Zielposition.

Wie bereits ausgeführt, ist **Personalentwicklung im Bankbetrieb** konsequent an den **strategischen Zielen** des Unternehmens auszurichten. Diese sind für die besprochenen Phasen unterschiedlich. Sie sind daher im Entwicklungsprozeß für jede Position bzw. Funktion zu bestimmen und in ihrer Bedeutung zu gewichten. Während für einen Kundenberater Fachkompetenz und akquisitorisches Geschick von zentraler Bedeutung sind, treten diese strategischen Elemente bei einem Filialleiter etwas zurück. Wichtiger wird z. B. das strategische Ziel „Verbesserung der Führungsfähigkeit".

Ausrichtung der Personalentwicklung an strategischen Zielen

Abschließend nun **zwei Beispiele** für **Modellentwicklungswege** zum Firmenkundenberater und zur Führungskraft im Geschäftsbereich (Meier, 1992):

Modellentwicklung Firmenkundenberater

Strategische Entwicklung	Idealtypische Entwicklungsziele	Training off-the-job	Training on-the-job	Gehalts-/ Titelstruktur
++ Hohes Fachwissen (selbstverständlich)	1. Ausbildung	– Gewerbl. Kreditgeschäft		BAT/TV-Banken kein Titel
++ Stärkung der Akquisitionsfähigkeit	2. Assistententätigkeit Kredite (3 Jahre)	– Grundlagen Kreditgeschäft für Nachwuchskraft	– Realkredit- geschäft	– " –
+ Stärkung der Gesamtbankorientierung	3. Rotation/zur bes. Verwendung (1 Jahr)	– Dozententätigkeit – je 2-3 Monate Praktika (Wertpapiere/Außenhandel/	– öffentliche Sonderkredit- programme	– " –
+ Stärkung der Risikobereitschaft	4. Fachlehrgang (7 Monate)	Kreditüberwachung) – BWL-Seminare	– Leasing	BAT/TV-Banken Bankbetriebswirt
Stärkung der Führungsfähigkeit	5. SB im Folgebereich (3-5 Jahre)	(Steuern/Recht) – Außenhandelsfinanzierung	– Bilanzanalyse	– " –
	6. Firmenkundenberater (Endalter 30-35 Jahre)	– Planspiel (Boss/Marga/vbb) – lfd. Verhaltens-/Vertriebstrg. – lfd. ERFA-Gruppe		Übergang AT/ HBV, Prokurist

Spielregeln:	– Abbruch durch Mitarbeiter oder Bank jederzeit möglich
	– Funktionsfähiges Beurteilungs- oder AC-Verfahren
	– Betriebliche Erfordernisse müssen da sein (Strategie)
	– Quereinstieg für Hochschüler bei 4. (Fachlehrgang)

Abbildung 45

Modellentwicklungsweg Führungskraft Geschäftsbereich in einer mittleren Sparkasse		
Phasen / **Strategische Ziele** → Stärkung Gesamtbankorientierung → Stärkung Qualitätsbewußtsein → Stärkung Kommunikations-/Kooperationsfähigkeit		**Training off-the-job**
Zielpositionstyp (Endalter 35-40)	– Niederlassungsleiter oder – Leiter Firmenkundenabteilung oder – Leiter Vermögensberatung	– Projektverantwortung/-leiter – Qualitätszirkelmoderation
Spezialisierung (mind. 4 Jahre)	– Spezialist im Zielpositionstyp oder – Stellvertretender Leiter der Niederlassung – Abteilung Firmenkunden, Vermögensberatung	– Qualitätszirkelarbeit/-moderation – Projektarbeit/-leitung – ERFA-Gruppen/-austausch
Erweiterung (mind. 4 Jahre)	– Gruppen oder Geschäftsstellenleiter oder – Qualifizierter Kundenberater oder – Qualifizierter Sachbearbeiter Controlling/Marketing	– Führungstraining – Verhaltenstraining (strat. Ziele) – Fachseminare
Basis (mind. 3 Jahre)	– Kundenberater (Schalter) oder – Sachbearbeiter im Back-office oder – Sachbearbeiter Organisation/Revision	– Fachseminare – Verhaltenstraining (strat. Ziele) – Planspiele, Fernstudium
Einstieg	– Auszubildender/Trainee	– Fachvorträge, Planspiel

Spielregeln:

– Bewährungsprinzip (Potentialbeurteilung für Aufstieg)
– Sicherung innerbetrieblicher Frieden (externe Seiteneinsteiger)
– Flexibilität innerhalb des Rahmens sichern
– Flexibilität Tarifvertrag durch Zulagen sichern
– Mengensteuerung und Nachrückerproblem
– Verliererimage relativieren durch individuelle Unterstützung
– Regelung zum Stellenbesetzungsverfahren
– ...

Motivationsförderung:

– Förderung/Unterstützung durch Geschäftsführung
– Externe Planspiele
– Teilnahme an Sonderveranstaltungen und -aufgaben
– Mentoren/Dozententätigkeit
– gezieltes individuelles Training on-the-job
– Vollmachten/Kompetenzen
– ...

Abbildung 46

(Quelle: Meier, 1992)

Arbeitsaufgaben

1. Auf welchen Grundüberlegungen basiert das Konzept der Modellentwicklungswege?

2. In welche Phasen läßt sich die Modellentwicklung gliedern?

3. Wie könnten die Modellentwicklungswege für einen Auslandskundenbetreuer und für einen Wertpapierberater aussehen?

3.7 Schlußbemerkung

Der in diesem Kapitel vorgetragene konzeptionelle Rahmen einer strategieorientierten Personalentwicklung im Bankbetrieb macht deutlich, daß das Personalmanagement von Banken an einem Wendepunkt steht, an dem es eine neue, zukunftsweisende Orientierung suchen und finden muß.

Die einzelnen Strategiekomponenten lassen sich als mechanisch-praktischen Teil einer zukunftsorientierten Personalpolitik bezeichnen. Sie lassen sich durch routinierte Fachleute zuverlässig darstellen. Aber ist damit schon der Erfolg der Strategie garantiert?

Viele Strategiekonzepte zeigen nicht die gewollte Wirkung, weil deren Implementierung, anders als die intellektuell-schlüssige Zielentwicklung, einen rational nur begrenzt steuerbaren Prozeß darstellt und häufig auch mit der Unternehmenskultur eines Hauses nicht harmoniert. Die Realisierung eines strategieorientierten Personalentwicklungskonzepts kann nur gelingen, wenn ein „kulturbewußtes" Management nicht nur die Entwicklung markt- und kundenorientierter Strukturen fördert, sondern gleichzeitig einen kulturellen Rahmen schafft, der integrierend wirkt.

Für die Human-resources-Politik einer Bank unter marktorientierten Vorzeichen müssen informatorische und kommunikative Akzente gesetzt werden, um allen Mitarbeitern die Bedeutung einer strategieorientierten Personalentwicklung bewußt zu machen. Dem Management muß es gelingen, die Beziehung zwischen geschäftspolitisch notwendigen Strukturveränderungen einerseits und der Integration der Mitarbeiter andererseits erfolgreich zu gestalten. Dies ist nicht allein Aufgabe der Personalseite, sondern muß vom Top-Management und den involvierten Führungskräften aktiv begleitet werden.

Literaturverzeichnis

Adam, D. / Meixner, C.: Total Quality Management in Bankdienstleistungsunternehmen, in: Sparkasse, 107. Jahrgang, Nr. 5, 1990

Adams, R. / Droege, W.: Schlanker, einfacher, schneller, in: Bank Magazin, Nr. 8, 1993

Becker, H. / Langosch, I.: Produktivität und Menschlichkeit, 3. unveränderte Aufl., Stuttgart 1990

Becker, M.: Personalarbeit in turbulenter Zeit, in: Personalwirtschaft, Nr. 1, 1994

Becker, M.: PE – Motor des Fortschritts. Dissertation Universität Duisburg, FB WiWi, 1991

Benölken, H.: Lean Management und die Konsequenzen für die Bankorganisation, in: Sparkasse, 110. Jahrgang, Nr. 6, 1993

Benölken, H. / Wings, H.: Lean-Banking – Wege zur Marktführerschaft, Wiesbaden 1994

Berthel, J.: Personal-Management: Grundzüge für Konzeptionen betrieblicher Personalarbeit, 4. überarb. und erweiterte Aufl., Stuttgart 1995

Bierer, H. / Fassbender, H. / Rüdel, Th.: Auf dem Weg zur schlanken Bank, in: Die Bank, Nr. 9, 1992

Blake, R. / Mouton, J.S.: Verhaltenspsychologie im Betrieb, Düsseldorf / Wien 1968

Böhm, J.: Einführung in die Organisationsentwicklung, Heidelberg 1981

Bösel, H.-D.: Organisation als soziales System – zwei Ansätze zur Gestaltung und Lenkung, in: v. Stein, J.H. / Terrahe, J. (Hrsg.): Handbuch Bankorganisation, Wiesbaden 1991

Bösenberg, D. / Metzen, H.: Die schlanke Denke der Japaner setzt Maßstäbe, in: Gablers Magazin, Nr. 2, 1992

Brander, S. / Kompa, A. / Peltzer, U.: Denken und Problemlösen, Opladen 1989

Braun, W.: Qualitative Personalentwicklung, in: Industrielle Organisation, Nr. 1, 1991

Brunner, W.: Beratungsqualität ist Schlüsselfaktor im Total Quality Management, in: Die Bank, Nr. 8, 1993

Büssing, A.: Organisationsdiagnose, in: Schuler, H. (Hrsg.): Lehrbuch Organisationspsychologie, 1. Aufl., Bern/Göttingen/Toronto/Seattle 1993

Bungard, W.: Führung im Lichte veränderter Mitarbeiterqualifikation, in: Wiendieck, G. / Wiswede, G. (Hrsg.): Führung im Wandel, Stuttgart 1990

Bungard, W. / Antoni, C.H.: Gruppenorientierte Interventionstechniken, in: Schuler, H. (Hrsg.): Lehrbuch Organisationspsychologie, 1. Aufl., Bern / Göttingen / Toronto / Seattle 1993

Comelli, G.: Organisationsentwicklung, in: Rosenstiel, L.v.: Führung von Mitarbeitern – Handbuch für erfolgreiches Personalmanagement, 2. überarb. und erweiterte Aufl., Stuttgart 1993

Comelli, G.: Training als Beitrag zur Organisationsentwicklung, in: Handbuch der Weiterbildung für die Praxis in Wirtschaft und Verwaltung, Band 4, München / Wien 1985

Conradi, W.: Personalentwicklung, Stuttgart 1983

Deppe, J.: Personalwirtschaftliche Implikationen eines Lean Management, Arbeitsbericht Nr. 20, Ruhr-Universität Bochum, Bochum 1993

Deutsche Bundesbank: Die Ertragslage der westdeutschen Kreditinstitute, Monatsbericht der Deutschen Bundesbank, Nr. 8, 1993

Drewes, W.: Zur Qualität muß jeder beitragen, in: Bank Magazin, Nr. 9, 1993

Eicher, H.: Lean Education: Weiterbildung nach Maß, in: io Management Zeitschrift, Nr. 1, 1994

Endres, M.: Lean Production im Bankgeschäft?, in: Bank und Markt, Nr. 3, 1990

Endres, M.: Lean Production im Bankgeschäft. Vortragsmanuskript, Deutsche Bank AG, Frankfurt 1993

Engelhardt, W. / Schütz, P.: Total Quality Management, in: WIST, Nr. 8, 1991

Ermann, P.: Kundenbetreuer: Fachberater oder nur Relationship-Manager, in: Bank und Markt, Nr. 6, 1989

Faix, **W.**-**G.**: Skill-Management: Qualifikationsplanung für Unternehmen und Mitarbeiter, Wiesbaden 1991

Flik, **H.**: The Ameba Concept. Internes Arbeitspapier, W. L. Gore GmbH, München / Putzbrunn 1986

Fredrich, **A.**: Den Menschen einbeziehen, in: Personalwirtschaft, Nr. 11, 1993

French, **W.** / **Bell**, **C.**: Organisationsentwicklung: Sozialwissenschaftliche Strategien zur Organisationsveränderung, 3. Aufl., Bern / Stuttgart 1990

Friedlander, **F.** / **Brown**, **D.**: Organizational development. Annual Review of Psychology, 25, 1974

Führ, **H.**-**B.**: Strategisches Denken – ein Muß für Personalmanager, in: Personalführung, Nr. 10, 1989

Gebert, **D.**: Interventionen in Organisationen, in: Schuler, H. (Hrsg.): Lehrbuch Organisationspsychologie, 1. Aufl., Bern/Göttingen/Toronto/Seattle 1993

Gebert, **D.**: Organisationsentwicklung, Stuttgart 1974

Gloystein, **P.**: Kostenmanagement bei Banken, in: Die Bank, Nr. 10, 1993

Gordon, **T.**: Managerkonferenz: Effektives Führungstraining, 10. Aufl., München 1993

Große Peclum, **K.H.**: Lean Management – primär ein Programm zur Produktivitätsförderung und Rationalisierung oder ein humanzentriertes Managementkonzept?, Vortragsmanuskript, I.I.R.-Konferenz, Frankfurt am Main, 08.03.1994

Guiskamp, **D.**: Möglichkeiten der Personalentwicklung in der alltäglichen Führungspraxis, Pfaffenweiler 1989

Hall, **D.T.**: Careers in Organizations, Glenview 1976

Haller, **S.**: Methoden zur Beurteilung von Dienstleistungsqualität, in: Zeitschrift für betriebswirtschaftliche Forschung, 45. Jahrgang, Nr. 1, 1993

Hirth, **R.** / **Sattelberger**, **Th.** / **Stiefel**, **R.Th.**: Dein Weg zur Selbstverwirklichung. „Life-Styling" – das Konzept zur neuen Lebensgestaltung, Landsberg am Lech 1985

Jacobs, **S.** / **Thiess**, **M.** / **Söhnholz**, **D.**: Human-Ressourcen-Portfolio, in: DU, Nr. 41, 1987

Jürgens, **U.** / **Malsch**, **T.** / **Dohse**, **K.**: Moderne Zeiten in der Automobilfabrik. Strategien der Produktionsmodernisierung im Länder- und Konzernvergleich, Berlin 1989

Kern, **H.**: Kampf um Arbeitsbedingungen, Frankfurt am Main 1979

Kilgus, **E.**: Grundlagen der Strukturgestaltung von Banken, in: v. Stein, J.H. / Terrahe, J. (Hrsg.): Handbuch der Bankorganisation, Wiesbaden 1991

Klebert, **K.** / **Schrader**, **E.** / **Straub**, **W.**: KurzModeration, 2. Aufl., Hamburg 1987

Klee, **H.**-**W.**: Strukturwandel der Banken – Konsequenzen neuer Strategien für die Organisationsstrukturen, in: Zeitschrift für Führung und Organisation, Nr. 6, 1991

Lange, **Th.**: Lean-Banking, in: Banking & Finance, Nr. 7, 1993

Lauterburg, **Ch.**: Organisationsentwicklung – Strategie der Evolution, in: Management-Zeitschrift io, Nr. 1, 49 (1980)

Linder, **N.G.**: Organisationsentwicklung und Vorschlagswesen in der öffentlichen Verwaltung, Frankfurt am Main 1983

Lindinger, **C.** / **Ruhnau**, **J.**: Notwendige Vorgehensweise in Umstrukturierungsprozessen, in: Personalführung, Nr. 2, 1993

McGregor, **D.**: The human side of enterprise, New York 1960

Meier, **H.**: Personalentwicklung in Banken, Wiesbaden 1992

Meier, **H.** / **Schindler**, **U.**: Aus- und Fortbildung für Führungskräfte, in: Gaugler, E. / Weber, W. (Hrsg.): Handwörterbuch des Personalwesens (HWP), 2. Aufl., Stuttgart 1991

Menzel, **W.**: Unternehmenssicherung durch Personalentwicklung, 3. durchges. und überarbeitete Aufl., Freiburg im Breisgau 1985

Mickler, **O.** / **Mohr**, **W.** / **Kadritzke**, **U.**: Produktion und Qualifikation, Göttingen 1977

Moormann, **J.** / **Wölfing**, **D.**: Fertigungstiefe in Banken verringern, in: Die Bank, Nr. 12, 1991

Morgen, K.: Organisationsplanung als Bestandteil der Unternehmens-strategie, in: v. Stein, J.H. / Terrahe, J. (Hrsg.): Handbuch der Bankorganisation, Wiesbaden 1991

Oppitz, G.: Ausbildung des Nachwuchses in der Hypo-Bank: Geänderte Anfoderungen und neue Wege, in: Die Bank, Nr. 1, 1989

o.V.: Die Beratung steht im Vordergrund, in: FORUM Mitarbeiter-Zeitschrift der Deutschen Bank, Nr. 4, 1991

o.V.: Mit einer neuen Struktur für die Zukunft gerüstet, in: FORUM Mitarbeiter-Zeitschrift der Deutschen Bank, Nr. 8, 1990

o.V.: Neue Wege in der Kundenakquisition, in: FORUM Mitarbeiter-Zeitschrift der Deutschen Bank, Nr. 4, 1991

Pankus, G.: Der Wettbewerb zwingt zum Umschalten, in: Gablers Magazin, Nr. 4, 1993

Priewasser, E.: Die Banken im Jahre 2000, 3. Aufl., Frankfurt am Main 1987

Rationalisierungs-Kuratorium der Deutschen Wirtschaft (RKW) (Hrsg.): Handbuch-Praxis der Personal-Planung, Teil V: Planung der Personalentwicklung, Frankfurt am Main/Neuwied/Darmstadt 1978

Rauch, E.: Organisation als soziales System – Bewußt gestaltete Änderung der Unternehmenskultur als wesentlicher Faktor für die erfolgreiche strategische Allianz von Banken, in: v. Stein, J.H. / Terrahe, J. (Hrsg.): Handbuch der Bankorganisation, Wiesbaden 1994

Reichheld, F. / Sasser, E.: Zero Defections – Quality comes to Services, in: Harvard Business Review, Nr. 4, 1990

Reiß, M.: Erfolgreiche Gruppenarbeit nur über professionelle Einführung, in: Personalführung, Nr. 9, 1993

Reiß, M.: Varianten der Stellenbeschreibung, in: Zeitschrift für Organisation, 53. Jahrgang, 1984

Remer, A.: Personal-Management. Mitarbeiterorientierte Organisation und Führung von Unternehmungen, Berlin / New York 1978

Riekhof, H.-Ch.: Strategien der Personalentwicklung, Wiesbaden 1989

Rosenstiel, L.v. / Molt, W. / Rüttinger, B.: Organisationspsychologie, 2. Aufl., Stuttgart / Berlin / Köln / Mainz 1975

Rüttinger, B.: Unternehmenskultur, Düsseldorf 1986

Sattelberger, Th. (Hrsg.): Innovative Personalentwicklung. Grundlagen, Konzepte, Erfahrungen, Wiesbaden 1989

Schmid, D.-Ch.: Qualitätsmanagement in Banken – Utopie oder Strategie, in: Bank und Markt, Nr. 5, 1992

Schmidt, G.: Organisation – Methode und Technik, Gießen 1974

Scholz, Ch.: Personalmanagement: informationsorientierte und verhaltenstheoretische Grundlagen, München 1989

Schrempp, J.E.: Lean Management – ein Paradigmenwechsel, in: Blick durch die Wirtschaft, 11.11.1992

Schütte, M.: Erfahrungen mit der Personalentwicklung, in: Die Bank, Nr. 12, 1987

Seibt, D. / Mülder, W. (Hrsg.): Methoden- und computergestützte Personalplanung, Köln 1986

Staehle, W.: Management: Eine verhaltenswissenschaftliche Perspektive, 6. Aufl., München 1991

Steidinger, G.: PE heißt: zum Mitarbeiter besser Sorge tragen, in: Industrielle Organisation, Nr. 2, 1991

Stiefel, R.Th.: Führung im lernenden Unternehmen, in: MAO, Nr. 3, 1988

Stiefel, R.Th.: Innovationsfördernde Personalentwicklung in Klein- und Mittelbetrieben, Neuwied / Berlin / Kriftel 1991

Stopp, U.: Betriebliche Personalwirtschaft, 17. Aufl., Stuttgart 1991

Stracke, G.: Marktstrategien der Banken, in: Die Bank, Nr. 11, 1988

Strauß, B. / Hentschel, B.: Dienstleistungsqualität, in: WIST, Nr. 5, 1991

Strube, A.: Mitarbeiterorientierte Personalentwicklungsplanung, Berlin 1982

Subjetzki, K.: Geschäftsfeldorientierte Organisationsstruktur als Instrument des Marketing, in: Die Bank, Nr. 12, 1991

Süchting, J.: Wachsen die preispolitischen Spielräume? – Anmerkungen zu Bankentreue und Beziehungsmanagement, in: Bank und Markt, Nr. 5, 1991

Sütter, **W**. / **Richarz**, **F.-G.**: Schlanke Organisation in der Finanzdienstleistung, in: Bank & Markt, Nr. 10, 1992

Töpfer, **A.**: Entschlossen auf Qualität setzen, in: Personalwirtschaft, Nr. 8, 1993

Ulrich, **H.**: Unternehmenspolitik, Bern / Stuttgart 1978

Wagner, **D.**: Möglichkeiten und Grenzen einer Personalentwicklungsplanung für Führungskräfte, in: DBW, Nr. 42, 1982

Wieck, **H.-A**. / **Wünsche**, **G.**: Lean-Banking für das Filialnetz, in: Die Bank, Nr. 8, 1993

Wielens, **H.**: Marktorientierte Bankorganisation, in: Süchting, J. / van Hooven, E.: Bankmarketing, 2. Aufl., Wiesbaden 1991

Wilkening, **O.**: Anforderungen an künftige Privatkundenberater und Geschäftsstellenleiter, in: Bank und Markt, Nr. 5, 1990

Wings, **H.**: Bankorganisation im Einfluß der Informationstechnik, in: Bank und Markt, Nr. 10, 1990

Zimmer, **D.**: Seminarunterlage zum Thema Personalentwicklung, Bad Harzburg 1982

Stichwortverzeichnis

Kurzbiographie des Autors

Professor Dr. rer. pol. Martin Grote studierte nach einer Bank-lehre Betriebswirtschaftslehre und Wirtschaftspädagogik an den Universitäten Kiel und Kassel. Nach zweijähriger Tätigkeit im traditionellen Kreditgeschäft bei der Deutschen Bank war er mehrere Jahre als Führungskräfte-Trainer, anschließend als Leiter Personalmarketing in der Zentrale der Dresdner Bank tätig. Seit 1986 ist er Dozent und Autor an der BANKAKADE-MIE. 1991 wurde er zum Professor für Allgemeine Betriebs-wirtschaftslehre / Personalmanagement an die Fachhochschule Bochum berufen.